# KORALLEN UND WÜSTEN

## SCHÖNHEITEN DES ROTEN MEERES

Rotes Meer

JAHR TOP SPECIAL VERLAG

Isle of Graie. Gulf of Akabah — Arabia Petraea Feby 27th 1839

David Roberts

Rotes Meer

# INHALT

**Texte**
Giorgio Mesturini
Gianni Guadalupi

**Graphik Design**
Patrizia Balocco
Lovisetti

**Herausgeber**
Valeria Manferto
De Fabianis
Laura Accomazzo

**Übersetzung**
C.T.M. Mailand

**Deutsche Bearbeitung**
Helmut Broeg

**UMSCHLAG**

VORDERSEITE LINKS OBEN - *Anlässlich der feierlichen Eröffnung des Suezkanals am 17. November 1869 feuern die geschmückten Schiffe der europäischen Großmächte Salven ab. (Foto: Alberto Siliotti/Geodia Archiv)*

VORDERSEITE LINKS UNTEN - *Blick auf Ras Mohammad mit dem Shark Observatory, sowie dem Shark Reef und dem Rolanda Reef. (Foto: Marcello Bertinetti/Archiv White Star)*

VORDERSEITE GROSSES FOTO - *Die Seefächer des Roten Meeres verdanken ihr enormes Wachstum dem Strömungsreichtum und dem hohen Nährstoffgehalt. (Foto: Vincenzo Paolillo)*

RÜCKSEITE LINKS OBEN - *Am Sha'ab Ali in der Straße von Gubal ruht das Wrack des englischen Frachters Thistlegorm, der 1941 auf den 31 Meter tiefen Grund sank. (Foto: Roberto Rinaldi)*

RÜCKSEITE LINKS UNTEN - *Diese hübsche Lithografie von David Roberts zeigt den Küstenverlauf nahe der Insel Graia im Golf von Akaba. (Foto: Archiv White Star)*

RÜCKSEITE GROSSES FOTO - *Die Riffe in der Straße von Tiran erheben sich aus dem tiefblauen Wasser des Roten Meeres. (Foto: Marcello Bertinetti/Archiv White Star)*

*Seite 1 An den Riffen des Roten Meeres gibt es eine Unmenge an Glasbarschen.*

*Seite 2-3 Auf dieser Lithographie von David Roberts ist die Insel Graia im Golf von Akaba dargestellt.*

*Seite 4-5 Aus der Luft ist das Riff von Tiran in seiner ganzen Ausdehnung zu erkennen.*

*Seite 6-7 Der Lichtstrahl der Taucherlampe enthüllt die gewaltige Farbenpracht des Korallenriffs.*

*Seite 8 oben Ein Vogelschwarm erhebt sich auf der Insel Dahlak in die Lüfte.*

*Seite 8 unten Ras Mohammad ist der südlichste Ausläufer des Sinais.*

*Seite 9 Ein Schwarm von Doktorfischen zieht hinter einer bunten Weichkoralle vorbei.*

Die Deutsche Bibliothek - CIP-Einheitsaufnahme

Korallen und Wüsten : Schönheiten des Roten Meeres / Giorgio Mesturini und Gianni Guadalupi. [Dt. Übers.: C.T.M., Mailand. Dt. Bearb.: Helmut Broeg]. - Hamburg : Jahr-Top-Special-Verl., 2002
Einheitssacht.: Coral and desert <dt.>
ISBN 3-86132-661-2



JAHR TOP SPECIAL VERLAG
GmbH & Co. KG
Jessenstraße 1
D-22767 Hamburg
Tel. 040/3 89 06-0, Fax 040/3 89 06-302



Gedruckt in Italien

# Vorwort

Das Rote Meer, das mit seinen insgesamt 2000 Kilometern Länge von der arabischen Halbinsel und dem afrikanischen Kontinent eingeschlossen wird, gehört sicherlich zu den eindrucksvollsten Landschaften der Erde: Die Gewässer des Roten Meeres werden von einer unglaublichen Vielfalt wundervoller Fische, Krustentiere und anderer Wirbelloser bewohnt. Viele von ihnen sind endemische Tiere und leben ausschließlich in diesen Gewässern.

Das Rote Meer ist außerdem das Europa am nächsten liegende tropische Meer. Von den größten europäischen Städten aus kann man in wenigen Stunden die bekannten Touristenorte Hurghada, Sharm el Sheikh, Port Sudan, Akaba, Eilat und Jaddah erreichen und die unvergessliche Erkundung dieser verführerischen Unterwasserwelt beginnen.

In diesem Meer drehten in den 50er Jahren die ersten Tauchpioniere wie Jacques Cousteau, Hans Hass, Folco Quilici und Bruno Vailati ihre eindrucksvollen Dokumentarfilme. Ihre Aufnahmen ließen ganze Generationen träumen, und das Rote Meer wurde zu einem der begehrtesten Ziele vieler Taucher.

Für dieses Buch sind wir mit dem Boot von Ägypten aus in Richtung Sudan gefahren, bis zum berühmten Archipel Dahlak in Eritrea. Von dort aus haben wir die Küsten Jemens angesteuert, um dann an den Riffen Saudi-Arabiens entlangzusegeln, bis zum engen und tiefen Golf von Akaba.

Auf unserer Reise haben wir Landschaften von unvergleichlicher Schönheit angetroffen, die sich entlang einer Küste ausbreiten, an der sich Wüstenlandschaften, grüne Mangrovenhaine und die kargen Bergketten alter Vulkankrater ständig abwechseln. Diese Eindrücke machten uns deutlich, dass das Rote Meer nicht nur ein Tauchparadies ist, sondern auch ein Meer mit einer langen Geschichte und Tradition.

An den Küsten dieser kargen Landschaften kann man auch ein unglaubliches ethnisch-religiöses Gemisch und Miteinander entdecken. Hier sind Millionen Jahre alte Kulturen bewahrt und weitergegeben worden. Heute sind sie wertvolle Zeugnisse eines Meeres, das schon von jeher eine Haupthandelsstraße zwischen afrikanischen und asiatischen Völkern war.

Hauptdarsteller dieses Buches ist also das Rote Meer mit seinen Gewässern und die daran grenzenden Landschaften. Diese Landschaften und die Bevölkerung mit ihren Traditionen bilden den harmonischen Rahmen für eine Wunderlandschaft unter Wasser.

*10 Die Weichkorallen, die zur Gattung* Dendronephthya *gehören, haben eine baumartige Struktur, die aus einem elastischen Skelett besteht.*

*11 Im Labyrinth der Korallen kann man interessante Kreaturen entdecken, beispielsweise den Neonaugen-Kammzähner* (Ecsenius midas) *(oben), die Masken-Falterfische* (Chaetodon semilarvatus) *(in der Mitte) oder den Langnasen-Büschelbarsch* (Oxycirrhites typus) *(unten).*

*12-13 In den Sommermonaten bilden Schnapper Schwärme aus Millionen von Exemplaren.*

*14-15 Einsame weiße Strände rahmen die Gewässer des Roten Meeres ein. Sie bilden Lebensräume, die von großem Interesse und Wert sind.*

mares

*16-17 Die geologische Bildung des Beckens des Roten Meeres begann vor mehr als 70 Millionen Jahren, aber die erste große Veränderung erfolgte vor ungefähr 20 Millionen Jahren: Das Meeresbecken wurde vom Indischen Ozean getrennt und war durch einen kurzen Zulauf mit dem Mittelmeer verbunden. Diese Veränderung verlieh ihm das Aussehen eines breiten Sees mit einem hohen Salzgehalt. Sein heutiges Erscheinungsbild erhielt das Rote Meer vor ungefähr fünf Millionen Jahren. Durch eine starke Verschiebung der afrikanischen und asiatischen Kontinentalplatte schloss sich die Verbindung mit dem Mittelmeer und öffnete dagegen einen Zugang zum Indischen Ozean. Dieser wird Bab al Mandab genannt.*

Rotes Meer

# Einleitung

*18-19 Die Straße von Tiran bildet den südlichsten Ausläufer des Golfs von Akaba. Die wundervollen Riffe sind eine verwunschene Meeresoase. Im Innern der Meerenge erkennt man die hakenförmigen Umrisse der Insel Tiran, die heute zum Nationalpark von Ras Mohammad gehört. Östlich von Tiran liegt die kleine Insel Sanafir.*
*Oben erkennt man den südlichen Teil der arabischen Halbinsel. Ganz eng nebeneinander liegen in der Mitte der Fotografie zwischen der Insel Tiran und der Küste des Sinais die vier Korallenriffe: Gordon Reef, Jackson Reef, Thomas Reef und Woodhouse Reef. Sie sind beliebte Ziele der Taucher aus Na'ama Bay.*

*18 oben Die Straße von Gubal ist die Verbindung zwischen dem Roten Meer und dem Golf von Suez. Dieser Teil des Meeres, der den afrikanischen Kontinent von der Granitplatte der Sinaihalbinsel trennt, ist von kleinen Inseln und Korallenbänken durchzogen. Auf der Fotographie erkennt man von links nach rechts die vier Inseln Shadwan, Tawila, Gubal und Qeisum; oben rechts ist Ras Zeit zu erkennen, das bereits zu Ägypten gehört. Unten liegt dagegen die Küste des Sinais und links sieht man die unverwechselbaren Umrisse von Ras Mohammad.*

*18 unten In dem riffreichen Gebiet von Ras Banas befindet sich ein ägyptischer Marinestützpunkt.*

*20 Die charakteristische Form des Roten Meeres erklärt sich durch den konstant gebliebenen Entfernungsprozess der afrikanischen von der arabischen Kontinentalplatte. Das dabei entstandene Grabensystem erstreckt sich vom Tal des Toten Meeres bis hin zum Rift Valley in Ostafrika. Diese Bewegung der Erdplatten begann vor Millionen von Jahren und dauert bis heute an. Auf diese Weise entfernen sich die Küsten der beiden Kontinente jährlich um etwa zwei Zentimeter und das Rote Meer wird breiter. Eine Gruppe von Wissenschaftlern vermutet sogar, dass das Rote Meer in 150 Millionen Jahren eine vollkommen andere Form haben wird, die dem Atlantischen Ozean gleichen soll.*

Das Rote Meer gehört zu den reichsten Unterwasserwelten unserer Erde. Vor seiner Erkundung wollen wir es aber erst einmal aus einer eher ungewöhnlichen Perspektive betrachten. Stellen wir uns das Rote Meer von einem Satelliten aus betrachtet vor, der sich um die Erde dreht. In dem Augenblick, in dem sich der Satellit über Afrika befindet, können wir ganz klar die große, weite Wüste der Sahara und die arabische Halbinsel erkennen. Getrennt werden beide voneinander durch einen schmalen tiefblauen Spalt, das Rote Meer. Es hat den Anschein, als habe ein gewalttätiger Riese mit einem Axthieb versucht, Arabien und Afrika voneinander zu trennen. Die Gewässer des Roten Meeres füllen einen tiefen Spalt in der Erdkruste auf, der vor mehr als 25 Millionen Jahren entstanden ist. Bis heute ist dieser Spalt ständigen Veränderungen ausgesetzt, bei denen er sich immer weiter vergrößert. Recherchen von Wissenschaftlern und Geologen haben ergeben, dass sich das arabische und das afrikanische Ufer pro Jahr um einige Zentimeter verschieben. Längs der Achse des Roten Meeres ändert sich die Morphologie in den Tiefen ständig unter dem Druck neuer Bewegungen, die durch die Veränderungen der Erdkruste hervorgerufen werden.

*20-21 Das Klima an den Küsten des Roten Meeres folgt der Abfolge der Jahreszeiten der nördlichen Erdhalbkugel mit relativ kalten Monaten im Dezember und im Januar, während zwischen Mai und September Sommer herrscht. Im gesamten Bereich des Roten Meeres gibt es kaum Niederschläge, jedoch ständig Wind. Dieses Klima trägt dazu bei, dass sich die Küstengebiete immer mehr in Wüsten verwandeln. Außerdem bilden sich wichtige Meeresströmungen, die für das Leben an den Korallenriffen unentbehrlich sind.*

22 und 23 Es gibt viele verschiedene Erklärungen für die Wahl des Adjektivs „rot“, das mit diesem Meer in Verbindung gebracht wird. Vielleicht waren es die antiken Seefahrer, die die Gewässer des Roten Meeres an Bord ihrer Sambuken durchfuhren und dabei das Schicksal und die tückischen Korallenriffe herausforderten. Vielleicht beeindruckte sie die Schönheit der umliegenden Berge und der kargen, sonnenverbrannten Wüsten, die sich bei Sonnenuntergang in warmen Farben entzünden und sich auf der Wasseroberfläche in purpurrotem Licht widerspiegeln. Und so fügten sie diesem Meer das Adjektiv „rot“ hinzu.

# Rotes Meer

Es handelt sich um ein Phänomen, das in verstärkter Form auch im Golf von Aden auftritt sowie an den großen afrikanischen Gräben in der Nähe des Malawi- und des Tanganikasees. Einige Wissenschaftler prophezeien, in den nächsten 150 Millionen Jahren wird sich das Rote Meer in ein Meer mit den Ausmaßen des Atlantischen Ozeans verwandeln! Das Rote Meer hat bei Massawa eine maximale Ausdehnung von 354 Kilometern und von Suez bis zur Meerenge von Bab al Mandab eine Länge von fast 2300

Kilometern. Im Norden teilt sich das Rote Meer in zwei enge, auseinanderzeigende Arme, die von der Halbinsel Sinai getrennt werden. Der Golf von Suez weist nur geringe Tiefen auf. Dagegen ist der nur 150 km lange und 15 km breite Golf von Akaba an manchen Stellen tiefer als 1300 m. Die Erklärung dieser Tiefenunterschiede liegt in der ständigen Bewegung der asiatischen und afrikanischen Kontinentalplatten, die mit ihrer langsamen Bewegung die beiden Kontinente voneinander entfernen und einen Spalt bilden. Dieser Spalt verläuft von Mozambik in Richtung Norden weiter bis zum Golf von Akaba und dann weiter am Toten Meer und am Jordan entlang. Hier liegen aber nicht die tiefsten Stellen des Roten Meeres. Im Süden, zwischen Port Sudan und Gidda, hat man Tiefen gemessen, die 2800 Meter noch überschreiten. Es handelt sich bei dem Roten Meer um eines der tiefsten Meere des Planeten, das deshalb so reich an Wasser ist. Die Wassermenge wird auf 244.000 Kubikkilometer geschätzt, obwohl das Meer mit seiner Oberfläche nicht einmal 450.000 Quadratkilometer bedeckt. Die landschaftlichen Gebiete, die das Rote Meer einschließen, sind wüstenhaft und von der Sonne versenkt. Häufig wechseln sich wüstenartige Gebiete mit hohen Bergmassiven ab, die sich dann auf fast phantastische Weise in geringer Entfernung von der Küste emporheben wie die eindrucksvollen Berge des Sinais. Sie bilden eine Art Keil zwischen den Gewässern des Golfs von Suez und dem Golf von Akaba.

Die Westküste ist von Höhenzügen gesäumt, die die östliche ägyptische Wüste und weiter im Süden die Wüste von Nubia begrenzen. Die östliche Küste beherbergt dagegen die Bergkette von Hegaw, die westliche Grenze der arabischen Wüsten. Hier trugen sich die legendären Begegnungen des Lawrence von Arabien zu.

Das Rote Meer verdankt seinen Ruf als eines der lebendigsten Meere vor allem seinen einmaligen geographisch-klimatischen Bedingungen. Außerdem ist das Rote Meer eines der wärmsten und salzigsten Meere unseres Planeten. Im Sommer erreicht das Wasser Temperaturen von 30 Grad Celsius und einen Salzgehalt oberhalb von 38 - 40 Promille. Die hohe Salzkonzentration des Roten Meeres liegt in der Trockenheit seines Beckens begründet, das kaum Süßwasserzufluss hat, sowie in der starken von der Sonne hervorgerufenen Verdunstung, die ihm jedes Jahr mehrere Milliarden Kubikmeter Wasser entzieht. Würde der Indische Ozean mit seinem Zufluss an der Enge von Mandab dieses Wasserdefizit nicht ausgleichen, würde der Wasserstand des Roten Meeres jedes Jahr um zwei Meter sinken.

Es gibt wenige Gebiete auf unserem Planeten, die einen so starken Kontrast zwischen Über- und Unterwasserwelt aufweisen. Wüsten und Gebirge an den Küsten des Roten Meeres erscheinen trocken und leblos, um so üppiger und reich an Leben zeigt sich dagegen die Unterwasserwelt. Die Küsten sind überall ausgetrocknet. Sie werden von drückend heißen Winden heimgesucht und von salzigem Wasser überspült und stellen so ein Habitat dar, das sich für die Entwicklung von Vegetation wenig eignet. Mit Ausnahme von vereinzeltem Strauchwerk sind Bäume eher selten. Das Strauchwerk hat die außergewöhnliche Fähigkeit, lange Trockenperioden und einen hohen Salzgehalt zu ertragen. In den ruhigeren und geschützten Buchten bilden sich dichte Mangrovenhaine, die hauptsächlich aus der Art *Avicennia marina* bestehen. Diese robuste Pflanze bildet ein Wurzelgeflecht, das sowohl aus Luftwurzeln als auch aus unterirdischen Wurzeln besteht. Diese wiederum übernehmen eine wichtige Rolle für das Einfangen von Schlamm und anderen nahrhaften Substanzen. Betrachtet man das Leben in den küstennahen Mangrovenhainen genauer, erkennt man, dass die Wurzeln dieser Pflanzen eine sichere Zuflucht für unzählige Jungtiere darstellen. Vor allem stößt man auf Krustentiere und kleine Fische, die zwischen Wurzeln Nahrung finden und sich hier gleichzeitig vor Räubern verstecken können, die sich nur in größeren Wassertiefen aufhalten.

Das Vorhandensein so vieler kleiner Beutetiere lässt den Mangrovenhain auch für die Vogelwelt zu einem der attraktivsten Küstenabschnitte werden. Die unzähligen Vögel können zwischen der verworrenen Vegetation Zuflucht finden, und in den niedrigen Gewässern der Lagune steht ihnen Nahrung nach Belieben zur Verfügung.

Hier, im dichten Wurzellabyrinth rasten zahlreiche Vögel auf ihrer Wanderung. Man kann zum Beispiel auf kraftvolle Goliathreiher, Seidenreiher, die an ihrem breiten Schnabel erkennbaren Löffelreiher, Flamingos, neugierige Pelikane, dunkelfarbige Tölpel (*Sulidae*) und lärmende Seeschwalben treffen. Diese Vögel kann man alle sehr häufig zwischen den Zweigen der Mangroven oder in der Nähe der vom Hochwasser zurückgelassenen Pfützen auf der Jagd nach Krustentieren oder kleinen Fischen beobachten.

Auf diese Weise stellen die besonderen Naturgegebenheiten und das reichhaltige Meeresleben an den Ufern des Roten Meeres einen idealen Lebensraum für die meisten Vogelarten dar. Die

*24 oben und unten*
*Es gibt verschiedene Faktoren für die außergewöhnlich vielfältige Meeresfauna an den Küsten des Roten Meeres. Ein wichtiger Grund ist jedoch die besondere längliche Form dieses Meeres, die wichtige natürliche Routen für die Vogelzüge während der jährlichen Wanderungen darstellt. Auf der Abbildung oben sind einige Flamingos* (Ciconia ciconia) *an den Küsten des Sinais zu sehen.*

*24-25 Im Park Ras Mohammad gibt es viele Wüstenfüchse* (Fennecus zerda), *die vor allem in den frühen Morgenstunden häufig zu beobachten sind. Tagsüber, wenn die Sonne die Wüste zum Glühen bringt, schlafen die Füchse in ihren Höhlen. Sobald es aber zu dämmern beginnt, kriechen sie aus ihren Höhlen hervor, um auf Jagd nach kleinen Nagetieren, Eidechsen und Vogeleiern zu gehen, die zusammen mit den Früchten der Dattelpalmen ihre Nahrungsgrundlage darstellen.*

*25 unten links* Es gibt zwei Hauptflugrouten der Vögel, die das Rote Meer überqueren. Die erste folgt dem Golf von Suez und dem Golf von Akaba. Auf dieser Route erreichen die Vogelarten aus Europa die milden Küsten Afrikas. Im Frühjahr kehren sie auf der gleichen Route zurück.
Die zweite Flugroute liegt im Süden des Roten Meeres und überquert die Meerenge Bab al Mandab. Diese Passage wird von den Vögeln aus Asien benutzt.

*25 unten rechts* Während einer jährlichen Vogelwanderung hat das Ornithologische Institut von Eilat in Israel etwa 1.400.000 Raubvögel registriert. An den Küsten Sinais wurden während der Herbstmonate nicht weniger als 400.000 Störche gezählt. Um diese große Zahl von Störchen auch weiterhin zu erhalten, wurde in Sharm el Sheikh eine Tierarztstation zu deren Behandlung erbaut. Dort sollen auch die schwächsten oder kranke Vögel für die lange Reise vorbereitet werden.

langgezogene Form des Roten Meeres, die sich wie eine breite Spalte zwischen den Wüstenlandschaften auftut, ist ein wichtiger natürlicher Korridor für die Wanderung vieler Vögel. Es gibt zwei bevorzugte Routen, die über das Rote Meer verlaufen. Die erste verläuft über die Sinaihalbinsel, den Golf von Suez und den Golf von Akaba und stellt den einzigen Weg für die Vögel dar, die aus Osteuropa und aus Russland in Richtung Afrika fliegen und umgekehrt. Die zweite Flugroute folgt dem südlichen Becken des Roten Meeres, genauer gesagt der Enge von Bab al Mandab, und nimmt den Wanderungsfluss aus Asien über der Enge von Hormuz und der arabischen Halbinsel auf.
Das Wanderungsphänomen, das seit Jahrhunderten Tausende von Vögeln entlang der Ufer des Roten Meeres geleitet hat, blieb von der arabischen Bevölkerung nicht unbeachtet. Die Araber waren

*26-27 Seeschwalben besiedeln die ruhigeren und einsameren Küsten, an denen sie während der Paarungszeit Kolonien aus mehreren hundert Exemplaren bilden. Normalerweise hat die Seeschwalbe beim Fliegen ihren Schnabel immer auf der Suche nach Nahrung nach unten gerichtet und häufig führt sie grazile, wellenförmige Flugkunststücke vor.*

*27 oben Als Jungtier hat die Sula weiße, weiche Federn. Dieser Vogel verbringt den größten Teil seiner Zeit damit, die weiten Flächen des Meeres zu überkreisen. Er ist ständig auf der Suche nach Nahrung, die er unfehlbar in einem vertikalen Sturzflug mit halb angelegten Flügeln erbeutet.*

*27 in der Mitte und unten In den Buchten oder in der Nähe der Mangrovenhaine kann man unterschiedliche Reiherarten beobachten, die dort in den seichten Küstengewässern ihre Beute überraschen. Sie ernähren sich vorwiegend von kleinen Fischen und Krustentieren.*

28-29 *Der Fischadler* (Pandion haliaetus) *ist ein Raubvogel mittlerer Größe mit glattem und kompaktem Federkleid, das wie bei anderen Wasservögeln mit einem Fett versehen ist.*

29 *Fischadler kann man an den Küsten beobachten, da sie sich vor allem von Fischen ernähren. Für die anderen Wasservögel stellt er keine Gefahr dar. Er ist ein sehr guter Flieger. Aus beachtlicher Höhe visiert er mit scharfem Blick seine Beute unter der Wasseroberfläche an. Hat er ein Objekt ausgemacht, schraubt er sich langsam nach unten und stößt schließlich im Sturzflug zu. Manchmal packt er so große Fische, dass er sie nur unter größten Anstrengungen aus dem Wasser ziehen kann. Das Nest wird in Küstennähe gebaut und besteht aus Ästen und anderen Gegenständen, die an der Wasseroberfläche aufzufinden sind. Das Weibchen legt sofort zwei bis vier Eier ab. Die Brutzeit dauert ungefähr einen Monat.*

immer sehr gute Naturbeobachter, und so wird noch heute in diesem Erdteil der antike Brauch weitergegeben, Falken und andere Raubvögel einzufangen, um sie abzurichten und dann als unfehlbare Jagdwaffen einzusetzen.

Fährt man mit dem Boot an den Küsten des Roten Meeres entlang, kann man häufig auf Fischadler (*Pandion haliaetus*) stoßen. Dieses wunderschöne Tier ernährt sich nur von Fischen, die es zuvor durch gekonntes Eintauchen ins Wasser gefangen hat. Der Fischadler errichtet sein Nest in Küstennähe. Dazu verwendet er Zweige und anderes Material verschiedenster Art, bis er sich sein bequemes Nest, das höher als einen Meter werden kann, errichtet hat. Entlang der Inselstrände oder an den ruhigsten Küsten kann man eine große Anzahl dieser Nester entdecken, die jedes Jahr im Frühling von einer Adlerfamilie bewohnt werden. Das Weibchen legt im Frühsommer ein bis vier Eier, aus denen nach einem Monat die Jungen schlüpfen. Man sollte sich an die Nester vor allem in der Brutzeit nur in großem Abstand heranwagen, um die Vögel und deren Brutpflege nicht zu stören. Mit einem guten Fernglas kann man die Tiere beobachten, ohne sich mehr als nötig den Nestern zu nähern.

Die Tatsache, dass heute die meisten Vögel und vor allem die Brutplätze in den am wenigsten vom Tourismus vereinnahmten Bereichen zu finden sind, sollte Anlass zum Nachdenken geben. Vor allem die sudanesischen, arabischen oder jemenitischen Küstenlandschaften sind durch eine unkontrollierte Entwicklung des Tourismus zerstört worden. Das Naturgleichgewicht in diesen Küstenregionen ist bereits auf das Schwerste gestört.

*30 oben und 30-31 Die Korallenriffe gehören zu den interessantesten Bereichen des Roten Meeres. Ihre Formen- und Farbenvielfalt lassen auf die unglaublich komplexen Zusammenhänge des Meeres und seiner Kreaturen schließen, die eine Millionen Jahre alte Geschichte haben. Ein Tauchgang an den Korallenriffen des Roten Meeres gleicht einem Tagtraum.*

Aber die geheimnisvollsten und außergewöhnlichsten Beobachtungen am Roten Meer, die es in der ganzen Welt so berühmt gemacht haben, kann man in seiner Unterwasserwelt machen.

Für viele Taucher ist das Rote Meer eine Legende, Sinnbild einer faszinierenden und verführerischen Welt tropischer Riffe, mit Korallenriffen, an denen die Natur ihre ganze verschwenderische Schönheit zur Schau stellt.

Unter Wasser gibt es auch für denjenigen, der nur mit der Maske taucht, eine so große Vielfalt wunderbarer Eindrücke, dass er beim ersten Tauchgang gar nicht wissen wird, wo er zuerst hinschauen soll. Man wird von den Farben und der Lebendigkeit der Unterwasserwelt beinah hypnotisiert. Der Blick geht anfangs ständig von rechts nach links bei dem Versuch, die schönsten Farben und Eindrücke festzuhalten.

Will man die Geheimnisse und das feine Naturgleichgewicht des Riffs genauer entdecken, sollte man sich ganz langsam bewegen und in Ruhe die Ereignisse im uns umgebenden Blau des Wassers verfolgen. Nichts kommt der Erfahrung gleich, sich an einer Seite des Korallenriffs langsam von der Strömung mittragen zu lassen. Momente lang wird uns die Illusion vermittelt, ein Fisch unter den Fischen zu sein. In vollkommener Ruhe kann man das Leben dieser schweigenden Welt und das Verhalten der Wassertiere um das Riff herum beobachten. Das Vergnügen bei der Betrachtung dieser Unterwasserwelt wird noch durch den Kontrast verstärkt, den das Rote Meer mit der umgebenden Landschaft bildet, die aus Wüsten und felsigen Bergen besteht. Dieses raue, aber unvergleichlich schöne Panorama ist der richtige Rahmen für die im tiefen Blau der Gewässer verborgene Wunderwelt.

# Rotes Meer

*30 unten Die Meerenge von Tiran liegt an der südlichen Spitze des Golfs von Akaba. Die an sich schon gefährliche Schiffspassage wird durch das Vorhandensein von vier Riffen noch riskanter. Es handelt sich um das Jackson Riff, das Woodhouse Riff, das Thomas Riff und das Gordon Riff. Letzteres ist an dem Rumpf des Schiffes* Louilla *erkennbar, das im September des Jahres 1981 auf die Spitze des Riffs auflief.*

*32-33 Auf dieser Luftaufnahme kann man die unendlich vielen Farbabstufungen des Roten Meeres in Riffnähe betrachten, die Hurghada zu einem Taucherparadies werden ließen.*

*34-35 Diese Abbildung zeigt einen Haarstern, der an den verästelten Armen gut zu erkennen ist. In der Körpermitte befindet sich der Mund sowie einige Haftorgane, mit denen er sich an einer Weichkoralle festklammert.*

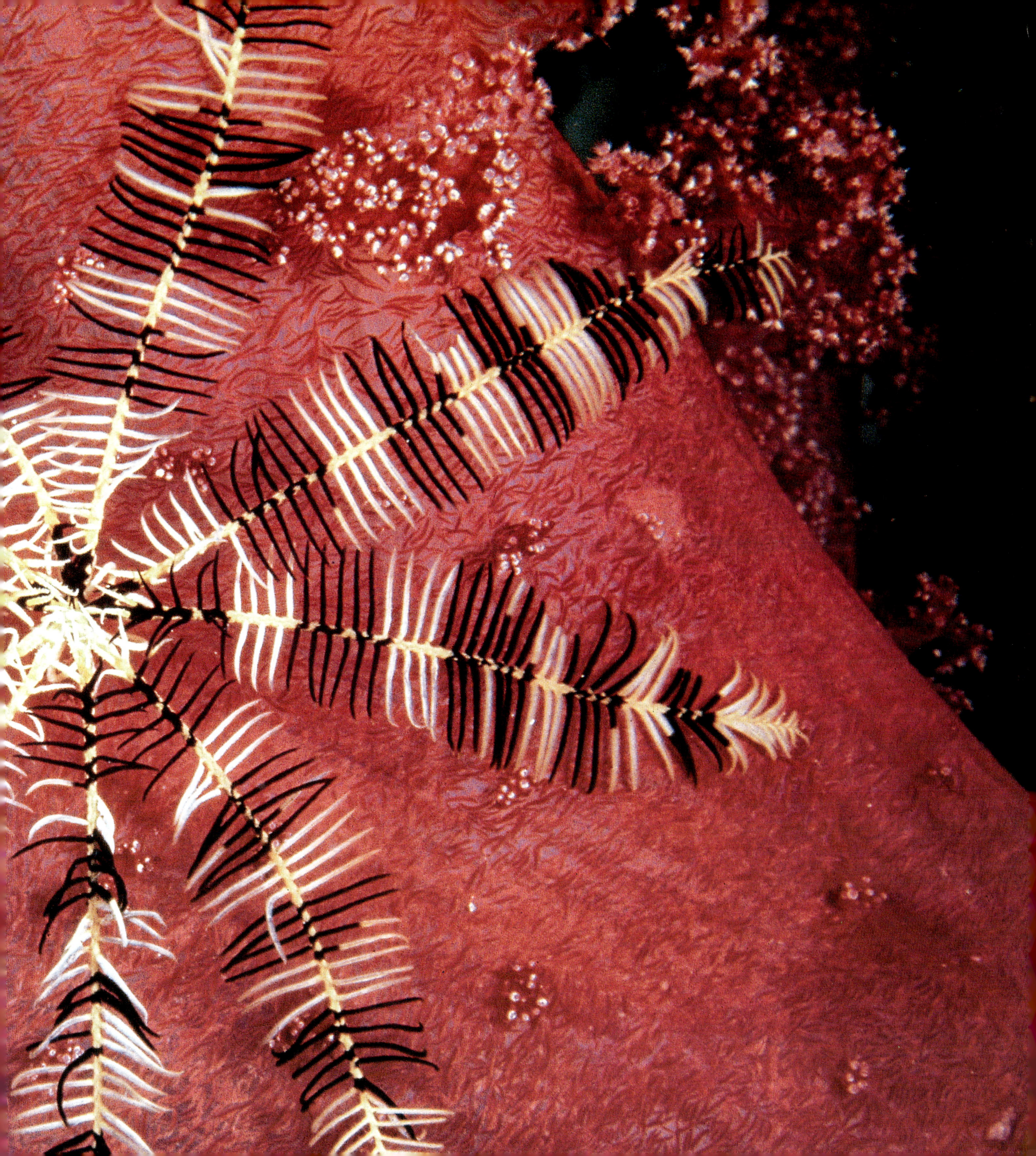

36-37 Eine Gruppe Beduinen ruht sich auf einem Sandstrand des Sinais vor der Insel Graia aus, auf der hoch oben die Mauerruinen einer alten Burg zu sehen sind. Nicht weit von Akaba entfernt, in der Mitte des gleichnamigen Golfs, wurde die Insel von den Kreuzrittern befestigt, um den Hafen verteidigen zu können.

36 unten Der Bau des Suezkanals – wir sehen hier einen Ausschnitt von der Einweihung mit Schiffen der europäischen Streitmächte, die festlich geschmückt sind und Jubiläumssalven abfeuern – gehört zu den größten bautechnischen Triumphen des 19. Jahrhunderts. Man schrieb den 17. November 1869; für die Arbeiten hatte man zehn Jahre gebraucht.

# Die Geschichte des Roten Meeres

*37 oben Der Fischreichtum des Roten Meeres wird bereits seit dem pharaonischen Ägypten in vielen Monumenten dargestellt. Hier ist ein Ausschnitt einer Zeichnung aus dem 19. Jahrhundert abgebildet, der das Profil eines Zackenbarsches darstellt.*

*37 unten Die Stämme der schwarzen Einwohner an der sudanesischen Küste des Roten Meeres waren arabisiert worden und sind zum Islam konvertiert. Ihre Gewohnheiten unterschieden sich nur geringfügig von denen ihrer Glaubensbrüder auf der gegenüberliegenden Seite der Küste. Hier ist Scheich Sayid abgebildet, Anführer der Abbaden, großer Krieger und frommer Gläubiger, was an dem Krummsäbel und dem Rosenkranz zu erkennen ist, die er in der Hand hält.*

Obwohl die Seeleute noch zu Beginn dieses Jahrhunderts die Gewässer des Roten Meeres als die unsichersten unserer Erde bezeichneten, wurden sie seit der Antike befahren. Anlass für die Einrichtung der ersten regulären Handelsroute war das Treiben antiker Räuberbanden unter den Beduinen. Diese überfielen die ägyptischen Karawanen, die mit Kupfer und Türkisen aus den nahen Bergminen des Sinais beladen waren, und brachten einen Pharao dazu, im Jahre 2300 v. Chr. eine Flotte für den Transport dieser kostbaren Güter zu bauen. Ursprünglich fuhren die Handelschiffe von der Sinaihalbinsel zu einem Hafen auf der Höhe des heutigen Kosseir. Dann begannen die ägyptischen Schiffe, sich immer weiter in Richtung Süden vorzuwagen, bis zu jenem Land, das Punt genannt wurde, und aus dem die kostbarsten Aromen wie Weihrauch und Myrrhe stammten. Dieser Ort befand sich jenseits der Meerenge, am südlichen Ende des langen Meeres, an der Küste des heutigen Somalia oder an der jemenitischen Küste oder vielleicht an beiden. Es war eine lange und beschwerliche Reise: Wer heil von ihr zurückkehrte, der rühmte sich damit und ließ dieses Ereignis sogar auf seiner Grabinschrift festhalten. So tat es der Steuermann Khnemhotp aus Elephantina, der schreiben ließ, er sei elf Mal nach Punt gefahren und wohlbehalten wiedergekehrt, immer mit dem gleichen Kapitän. Aber nicht alle hatten dieses Glück. Diesen gefährlichen Gewässern verdanken wir auch die älteste Beschreibung eines Schiffsbruchs, die von einem anonymen Robinson Crusoe aus Ägypten geschrieben wurde: „Ich war zu den Minen des Pharaos aufgebrochen. Wir hatten eine Besatzung von 120 Männern, die besten Ägyptens. Wir fuhren mitten auf dem Meer als plötzlich ein Sturm aufkam. Der Wind warf uns hin und her. Das Schiff sank auf den Meeresgrund. Nur ich überlebte. Ich wurde an eine Insel gespült und verbrachte drei Tage allein im Schatten. Dann machte ich mich auf, um etwas Essbares zu suchen. Ich fand Feigen und Weintrauben, großen Porree, Früchte und Gurken. Es gab Fisch, es gab Hühner, es gab alles. Ich aß mich satt und hatte doch noch mehr. Nach einigen Versuchen gelang es mir, ein Feuer anzuzünden, und ich brachte den Göttern zum Zeichen des Dankes ein Opfer dar.“ Aber die Einsamkeit oder eine schlechte Verdauung müssen ihn verrückt gemacht haben, denn er fährt fort: „Dann hörte ich ein Dröhnen wie Donnern. Die Bäume spalteten sich, und die Erde begann zu beben. Ich öffnete die Augen und sah, dass sich mir eine Schlange näherte. Sie war 45 Fuß lang und hatte zwei behaarte Füße. Ihr Körper war mit Gold bedeckt und die Augenbrauen waren echte Lapislazuli.“ Dieses goldene und bärtige Reptil war freundlich zu dem Schiffbrüchigen. Es sagte ihm, er sei „der König von Punt“, tröstete ihn, prophezeite ihm die Ankunft eines Retterschiffes in vier Monaten, und als dieses pünktlich eintraf, schenkte es ihm eine Ladung Weihrauch. Um 1500 v. Chr. ließ Königin Hatschepsut auf die Wände des riesigen Tempels Deir el Bahari die Szene einer Spedition nach Punt als Relief einhauen. Sie brüstete sich, die Handelskontakte auf diese Weise wieder hergestellt zu haben.

*38 und 39 Um 1500 v. Chr. organisierte die ägyptische Königin Hatschepsut, von der wir hier ein leider verstümmeltes Abbild sehen (in der Mitte), eine große Schiffsexpedition nach Punt, wo es viele wertvolle Waren gab. Über die genaue Lage Punts sind sich die Gelehrten noch heute nicht einig. Einige wähnen es an der Küste Somalias, andere an der jemenitischen Küste. Diese Expedition der Königin dokumentiert sich noch heute durch eine Reihe herrlicher Reliefs, die den östlichen Bogengang des Tempels Deir el Bahari schmücken. So war es damals von der Königin gewollt worden. Man sieht Szenen, in denen die importierten und exportierten Waren auf- und abgeladen werden. Man erkennt Gold, Elfenbein, Weihrauch, Myrrhe, Ebenholz, Panterhäute und lebende Tiere wie Giraffen, Affen und verschiedene Katzenarten. Die Königsfamilie von Punt nimmt zufrieden an dieser Szene teil.*

# Rotes Meer

Wir sehen die Flotte in den Hafen einfahren, die Segel werden eingeholt. Wir sehen einen Gesandten des Königs ankommen, gefolgt von einer Reihe Männer, die Ketten, Äxte, Dolche, Geschenke oder Tauschwaren in die Höhe halten. Der König von Punt geht ihnen entgegen mit zwei Söhnen, einer Tochter und einer außergewöhnlich dicken Frau, während seine Untergebenen die Produkte des Landes herbeibringen. Dann fahren die Schiffe wieder ab, beladen mit Ebenholz, Harz, Myrrhebäumen, Weihrauch, Elfenbein, Gold, Kosmetik, Häuten, Vieh, dem ein oder anderen Eingeborenen, Affen, Hunden und einem Panter „für ihre Majestät die Königin".

*40 Zahlreiche in den Gräbern gefundene Schiffsmodelle lassen auf die Art der ägyptischen Schiffe schließen, die die Gewässer des Roten Meeres befuhren. Die Schiffe waren eher für Küstengewässer bestimmt, nicht für das offene Meer und hatten deshalb einen schmalen Rumpf. Bug und Heck waren leicht nach oben gebogen. Ferner hatten sie meist ein quadratisches Segel, eine geschlossene Kabine, oder sie waren wenigstens in der Mitte überdacht und verfügten über ein oder zwei Steuerräder. Das oben abgebildete Exemplar stammt aus dem Grab von Meketra (21. Jahrhundert v. Chr.) und wird heute im Museum von Kairo aufbewahrt. Die anderen beiden stammen aus dem Schatz Tutankhamon und sind im Museum in Kairo (Modell in der Mitte) und im Museum von Luxor (unteres Modell) zu besichtigen.*

*41 Auch Gemälde überliefern uns viele Abbildungen ägyptischer Schiffe. Auf dieser Abbildung handelt es sich um ein Königsschiff. In der Mitte befindet sich der Thron für den Pharao, hinter dem ein kniender Sklave ein Zepter hält. Heck und Bug sind mit großen Hörnern geschmückt und die beiden Ruder, die als Steuerung dienen, tragen an ihrem oberen Ende die Häupter des Sonnengottes Ra.*

So wie das Rote Meer in die Literatur einging, so ist es auch in der Heiligen Schrift zu finden, am Tag in dem sich seine Wasser vor dem jüdischen Volk öffneten, das sich auf der Flucht vor den Ägyptern befand. Moses, Anführer der Verbannten, rief den Gott Israels an und berührte die Wellen mit dem Stab. Diese wichen zurück und ließen den nackten Erdboden zurück, und zwischen jenen hohen Mauern aus Wasser zog das Volk der Juden zuerst verängstigt, dann immer sicherer hindurch und gelangte so an das andere Ufer. Ein tragisches Schicksal ereilte dagegen die Armee des Pharaos, der es ihnen gleichtun wollte. Auf der Hälfte dieser wundersamen Furt angekommen, stürzten ihr die Wasser entgegen, die nicht mehr von der Hand Gottes zurückgehalten wurden. Es ertranken Menschen und Pferde unter den Sturzwellen, Donnern und Blitzen des göttlichen Zorns.

*42 Die Flucht der Juden aus Ägypten, die wundersame Überquerung des Roten Meeres, wird von Gelehrten auf das Jahr 1290 v. Chr. geschätzt. Damals regierte Pharao Ramses II., der auf dieser Abbildung von Rosellini in seinem Kriegswagen zu sehen ist, der von zwei eleganten Pferden gezogen wird. Ramses richtet seinen Bogen gegen die Feinde.*

*42-43 Auf dieser Karte sind die beiden Wege der Flüchtlinge aus Ägypten eingezeichnet. Unten sieht man die Gewässer des Roten Meeres, die sich durch göttlichen Eingriff geöffnet hatten und die Juden hindurchziehen ließen, sich nach ihnen aber wieder schlossen, und so die ägyptischen Verfolger verschlangen. Oben sieht man den in Sturmwolken gehüllten Berg Sinai, auf dem Moses von Gott die Gesetzestafeln entgegennahm.*

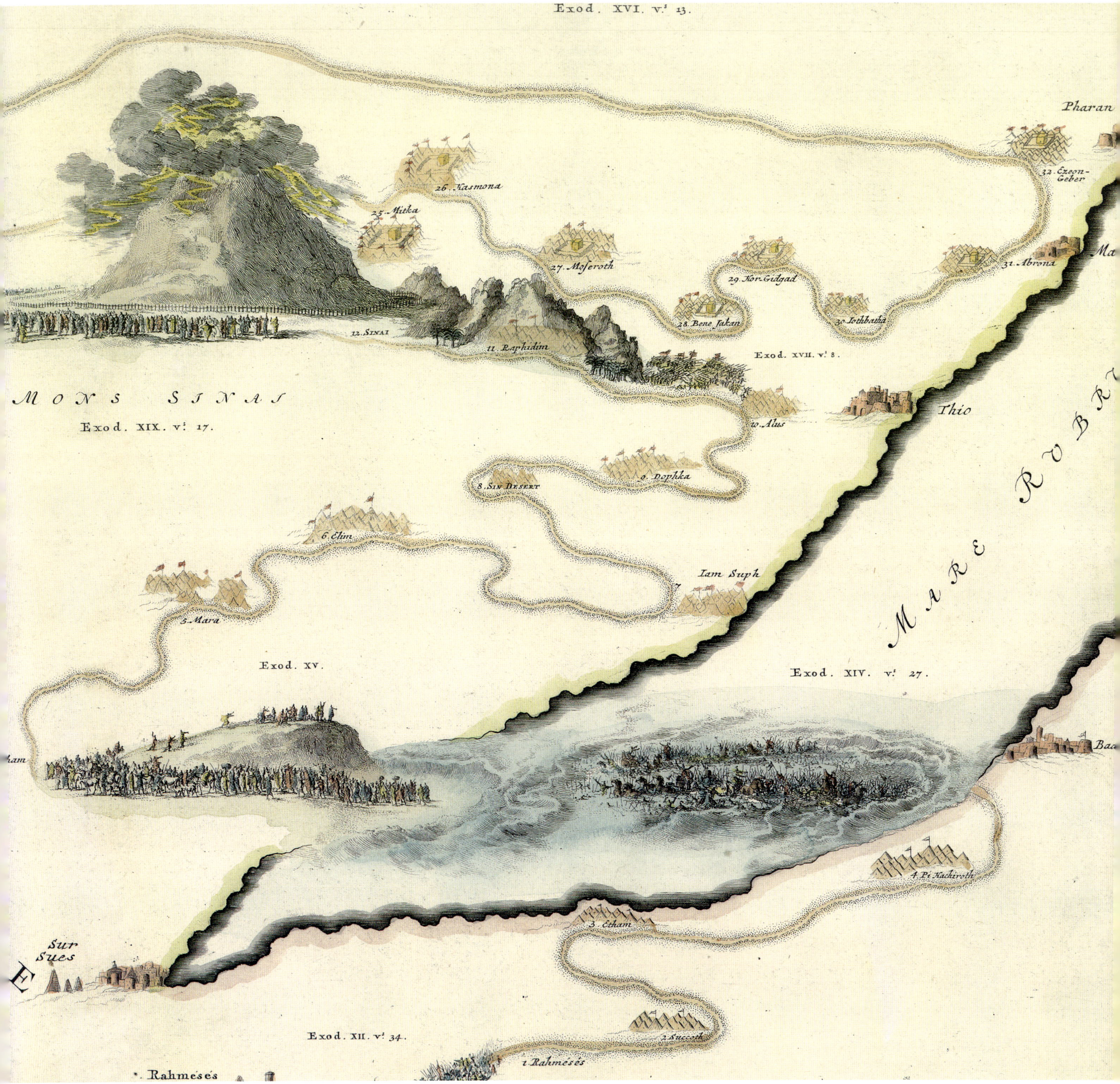

Exod. XVI. v.t 13.
Pharan
26. Kasmona
25. Mitka
27. Moseroth
29. Hor-Gidgad
28. Bene Jakan
30. Jothbatha
31. Abrona
32. Ezeon-Geber
12. Sinai
11. Raphidim
Exod. XVII. v.t 8.
MONS SINAI
Exod. XIX. v.t 17.
10. Alus
Thio
8. Sin Desert
9. Dophka
6. Elim
Iam Suph
5. Mara
MARE RUBR
Exod. XV.
Exod. XIV. v.t 27.
4. Pi Hachiroth
3. Etham
Sur
Sues
Exod. XII. v.t 34.
2. Succoth
1. Rahmeses
Rahmeses

# Die mediterrane Kultur

*44 Die phönizischen Schiffe – wir sehen hier eine Skulptur in einem römischen Sarkophag aus dem 2. Jahrhundert aus Sidon – waren zur Überquerung des Meeres weitaus geeigneter als die der Ägypter. Diesem großen Seevolk vertraute König Salomon die Aufstellung einer Flotte an. Diese brach vom Golf von Akaba auf, durchfuhr die Gewässer des Roten Meeres und brachte schließlich Schätze aus der Stadt Ophir im östlichen Afrika zurück.*

Jahrhunderte später befuhren andere Seeleute dieses Meer, das viele Reichtümer beherbergte. Es waren Phönizier, die von König Salomon herbeigerufen worden waren, um die Schiffe auszustatten, die er im Hafen von Eziongaber in der Nähe von Eilat hatte herbeikommen lassen. Er wollte ein noch üppigeres Land als Punt erreichen können: das sagenreiche Ophir, über dessen geographische Lage die Gelehrten noch heute streiten. Manche wähnen es in Äthiopien, andere im südlichen Afrika, wieder andere behaupten, es handele sich um eine Insel des indonesischen Archipels. Denn die Bibel erwähnt, dass der Kommandant der phönizischen Heerfahrt, Hiram, nach drei Jahren mit einer Ladung von Gold, Edelsteinen und Sandelholz zurückkehrte. Diese Pflanze gab es damals nur im Osten von Malakka.

Wo auch immer sich dieses asiatische Eldorado befand, diese Unternehmung blieb eine Ausnahme und es gab keine Wiederholung.

Als die Juden nach ungefähr einem Jahrhundert ohne die Hilfe der Phönizier die Reise wiederholen wollten, sanken die Schiffe, kurz nachdem sie den Hafen Eziongaber verlassen hatten.

Aber das Rote Meer war auf jeden Fall aufgrund seiner geographischen Lage dazu bestimmt, die wichtigste Seeroute Indiens zu werden, als die Entdeckung des periodischen Auftretens der Monsune eine sichere Überquerung des Indischen Ozeans garantierte. In ptolemäischer Zeit wurde der Hafen Alexandrias Mittelmeerstützpunkt auf dieser Route. Die asiatischen Waren wurden im Hafen Berenike in der Nähe des heutigen Habest ausgeladen und von dort mit Karawanen nach Koptos am Nil transportiert und dann weiter bis zum Delta verschifft.

*44-45 Mit der Entwicklung der Handelsschifffahrt im Indischen Ozean und dem Import von Luxuswaren aus dem Orient wurde das Rote Meer im ptolemäischen und darauf folgenden römischen Zeitalter, zur Straße der Seide. Der wertvolle Stoff sowie andere kostbare Güter, beispielsweise Gewürze, wurden nach Alexandria transportiert, um sie von dort aus in andere Mittelmeerstädte, vor allem nach Rom, bringen zu können. Das geschah meist auf Schiffen wie auf dem abgebildeten, das heute im Schiffsmuseum von Madrid zu sehen ist.*

*45 rechts Ein phönizisches, sehr stilisiertes Kriegsschiff auf einer Münze. Schiffe wie diese begleiteten aus Sicherheitsgründen größere und weniger wendige Handelsschiffe auf langen Expeditionen wie der nach Ophir.*

Die Ägypten-Indien-Route wird in den ersten uns überlieferten Portulanen genau geschildert. Es handelt sich dabei um den Text *Periplus des Mare Eritraeum* von Arrian. Einige halten ihn für den Philosophen Nikomedia, Autor der *Geschichte Alexandrias*, der im 2. Jahrhundert v. Chr. gelebt hat. Andere behaupten, er sei ein Händler Alexandrias gewesen und sei hundert Jahre zuvor geboren worden. Bei dem *Periplus* handele es sich demnach um einen auf eigenen Erfahrungen basierenden Führer. Arrian erzählt, dass die Handelsflotten von dem Hafen Ormus und Berenike ausliefen, um Richtung Süden entlang der westlichen Küste des Roten Meeres zu fahren, die von den Ichtyphagen bewohnt war, den „Fischessern", die in Höhlen wohnten. Man gelangte in den kleinen und engen Hafen Tolemaide Theron, wo viele Schildkröten zu finden waren. Hier widmete man sich dem Elfenbeinhandel. Das wahre Handelszentrum des südlichen Roten Meeres war die Stadt Adulis. Hier endete eine Straße aus der äthiopischen Stadt Axum, auf der alle Inlandsprodukte befördert wurden: Gold, Elfenbein, Sklaven. Hier machten die Schiffe Halt, um sich vor der Meerenge und dem Ozean mit Trinkwasser zu versorgen. Dann nahmen sie Kurs auf Nordost entlang der Küsten der arabischen Halbinsel. Man plante die Reise so, dass man im September an den Handelsplätzen Arabiens eintraf. Von Berenike aus brauchte man dafür ungefähr einen Monat per Schiff. Weitere vierzig Tage waren erforderlich, um nach Indien zu gelangen. Indiens meistbesuchter Hafen war Muziris, in der Nähe des heutigen Mangalore. Sobald sich der Wind änderte, wurden erneut die Segel gehisst, um nach Berenike zurückzukehren. Die Hin- und Rückreise nahmen insgesamt ein Jahr in Anspruch. Von Indien brachte man seltene und wertvolle Waren mit: Perlen, Edelsteine, Schildkrötenpanzer, vielleicht Seide aus China und vor allem Gewürze wie Pfeffer, Zimt und Ingwer. Diese kamen von den weit entfernten Inseln jenseits des von den antiken Geographen „Chersoneso Aureo" genannten Gebietes, der Meerenge von Malakka. Natürlich erweckten die exotischen Reichtümer die Gier vieler Menschen, und das Rote Meer wurde mit seinen labyrinthartigen Küstenarchipelen, die sich gut als Hinterhalte eigneten, ein von den Piraten bevorzugtes Beutegebiet.

Als Ägypten dem Römischen Reich angegliedert wurde, wurde eine Abteilung der Heeresflotte abkommandiert, um in diesen Gewässern zu patrouillieren, und auf den Handelsbooten schifften sich Bogenschützen als Bewachung ein. Zu den Zeiten von Augustus fuhren von Myos Ormus jährlich 120 Schiffe nach Indien. In den langen Jahrhunderten der Pax Romana stiegen die Importe stark an und weckten damit den Tadel der Moralisten, die diese Exzesse von zur Schau gestelltem Luxus nicht für gut hießen. Außerdem rügten sie die Verarmung in den entfernten Ländern, die mit Geld bezahlt wurden und nicht mit getauschten Waren. Plinius der Alte beklagte bereits im 1. Jahrhundert, dass jedes Jahr im Orient hundert Millionen Sesterzen ausgegeben wurden, eine beachtliche Summe. Aber der Handel ging ungehindert weiter und der Befehlshaber Vespasian musste im Herzen Roms ein großes Lager ausschließlich für die Händler von Gewürzen erbauen lassen. Ein anderer Händler aus Alexandria, der im 6. Jahrhundert lebte, Cosma, der „Indicopleust“ (der bis nach Indien gereist ist), spricht dagegen von einem Handel an der heutigen Küste Eritreas.

*46-47 Zur Zeit des Römischen Reiches patrouillierten Kriegsschiffe, wie diese auf dem Fresko aus Pompeji abgebildeten, auf dem Roten Meer, um die Pax Romana auch hier garantieren zu können. Sie hatten die Aufgabe, die Piraterie zu unterbinden, die den Wirtschaftsverkehr auf dem Indischen Ozean behinderte.*

*46 unten Claudio Tolomeo, der von 130 bis 184 n. Chr. in Alexandria lebte, trug die geographischen Kenntnisse der Antike in einem Buch zusammen, das bis zum 15. Jahrhundert als Bibel der Seefahrt galt. Auf dieser Abbildung, die aus einer Ausgabe des 16. Jahrhunderts seiner in Venedig bei Giacomo Castaldi verlegten Geographie entnommen wurde, unterschied sich das Mare Rubrum – ausgenommen die weite Mündung am Indischen Ozean – nicht sehr von der Realität.*

*47 unten Von Ostafrika aus gelangten auch zahlreiche Raubtiere über das Rote Meer nach Ägypten, die dann nach Rom gebracht und in den Zirkusspielen eingesetzt wurden, die dem Plebs so sehr gefielen. Dieses Basrelief des 3. Jahrhunderts zeigt ein Lastschiff, das in Käfige gesperrte Löwen transportiert.*

Alle zwei Jahre entsandte der König von Axum aus den Bergen Äthiopiens „Leute mit dem Auftrag, Gold zu beschaffen“, an die Küsten des Roten Meeres, wo anscheinend reichlich davon vorhanden war. Ihnen schlossen sich viele Händler an, die Ochsen und vor allem Eisengegenstände mit sich führten. Am Ufer angekommen, ließen sich die Äthiopier in Zelten nieder, die sie mit einer Hecke aus stacheligen Sträuchern umgaben. Dann schlachteten sie die Ochsen und stellten das Fleisch zusammen mit anderen Handelswaren auf den Ästen aus. Die Eingeborenen näherten sich ihnen mit kleinen Goldbarren und stellten sie auf das Fleisch oder das Objekt, das sie kaufen wollten. Dann traten die Axumiten wieder auf. Wenn sie mit dem Angebot zufrieden waren, nahmen sie das Gold, andernfalls musste der Käufer weitere Barren hinzustellen oder aber auf die Ware verzichten.

# Die Straße der Gewürze

Mit der Entstehung des Islam und der unglaublich schnellen Ausweitung des arabischen Reiches verlagerte sich die Seehandelsroute nach Indien vom Roten Meer in den Persischen Golf, hauptsächlich an den Hafen Bassora. Von dort aus reisten die Waren durch die Hauptstädte des Kalifen, erst Damaskus, dann Bagdad. Aber der Handelsverkehr auf dem Roten Meer brach nie vollständig zusammen und wurde verstärkt wieder aufgenommen, als das Kalifenreich auseinanderbrach und Alexandria seine Rolle als großes Handelszentrum für orientalische Produkte wieder zurückbekam. Diese Waren wurden von den Schiffen der italienischen Seerepubliken Venedig, Genua, Pisa und Amalfi gekauft und dann in ganz Europa weiterverkauft. Von den großen internationalen Handelsflotten abgesehen, wurden die Gewässer des Roten Meeres von kleinen Küstenschiffen befahren, die hauptsächlich für zwei verschiedene Arten von Transport bestimmt waren: Sie brachten die islamischen Pilger, die im Hafen von Gidda ankamen, in die heiligen Städte Arabiens, Medina und Mekka, und handelten mit einem Produkt, das bereits im Mittelalter in der gesamten Region sehr verbreitet war und dann die gesamte Welt erobern sollte: Kaffee. Wie aus dem Namen zu schließen ist, kam die Pflanze ursprünglich aus der äthiopischen Region Kaffa. Vor dem Jahre 1000 überquerte sie das Meer auf Schiffen, die Afrika und Jemen miteinander verbanden. Wie bei den Gewürzen des Orients handelte es sich auch hier um eine seltene und teure Ware. Nur die Reichsten konnte sie sich erlauben. Aber im Unterschied zum Wein war der Kaffee nicht vom Koran verboten. Als es einem schlauen Jemenit gelang, eine Pflanze zu entwenden und sie an der arabischen Küste des Roten Meeres wieder einzupflanzen, wurde dieses belebende und stärkende Getränk im gesamten Islam geschätzt. Der jemenitische Hafen Mokha wurde der Hauptexportpunkt. Von hier aus brachten kleine Dreimaster die Säcke mit den wertvollen Bohnen nach Ägypten. Im 18. Jahrhundert erreichte der Kaffee über Venedig auch Europa. Die Venezianer waren die ersten europäischen Händler, die sich an der Küste des Roten Meeres einrichteten. 1770 gründeten sie in Gidda eine Agentur, die sich ausschließlich mit dem blühenden Kaffee-Import befasste.

48-49 Die Karawane, die von Kairo aus nach Mekka zog, brachte jedes Jahr einen neuen Schleier aus mit Gold besticktem schwarzen Samt mit, um die Ka'aba, den vom Himmel gefallenen heiligen Stein, zu bedecken. Ein Kamel trug außerdem zwei Exemplare des Korans in einem großen, mit wertvollem Stoff überdachten Baldachin. Diese Szene ist auf dem Druck aus dem 19. Jahrhundert zu sehen. Einmal in Suez angekommen, setzten die Pilger ihre Reise über das Meer bis nach Gidda fort.

48 links Mit der Verbreitung des Islam und dem Entstehen des großen arabischen Reiches verlor das Rote Meer einen Teil des Wirtschaftsverkehrs aus Indien, der auf den Persischen Golf umgeleitet wurde. Die Laderäume der Schiffe füllten sich aber mit einer neuen, kostbaren Ware: Kaffee. Auf dieser Tafel des Jahres 1810, die zu einer Sammlung der Botanic Library London gehört, sehen wir die Kaffeepflanze und einen türkischen Händler.

48 rechts Die Reise nach Mekka sollte gemäß den Glaubensgeboten des Islam von den Gläubigen wenigstens einmal im Leben unternommen werden. Von den ägyptischen und sudanesischen Häfen fuhren also alljährlich Schiffe bis zur Stadt Gidda. Von dort aus zogen die Gläubigen dann mit Karawanen wie dieser weiter in die heilige Stadt. Es handelt sich um eine Miniatur des persischen Kodex der Maqamat von Hariri.

49 oben Als eine Kaffeepflanze aus Äthiopien entwendet und mit Erfolg im Jemen kultiviert wurde, entwickelte sich der Hafen von Mokha zur Welthauptstadt des Kaffees. Diese Karte des Roten Meeres aus dem Jahre 1804 veranschaulicht die Route in die jemenitische Stadt.

Merkwürdigerweise forderten die arabischen Seeleute die gefahrvolle Beschiffung dieser Gewässer besonders heraus, obwohl sie sie doch seit Jahrhunderten perfekt beherrschten. Das brachte ihnen einen schlechten Ruf ein, der bis zur Epoche der Dampfschifffahrt reichte. Sie waren es, die die Meerenge zwischen Afrika und Arabien wegen der großen Gefahren Bab el Mandeb „das Tor der Verzweiflung“ nannten. So schreibt Idrisis, Geograph des 12. Jahrhunderts: „Es ist ein Meeresarm, der plötzlichen, wilden Unwettern ausgesetzt ist; er ist voller ungastlicher Inseln und bietet nichts Gutes – weder an der Oberfläche noch in der Tiefe.“

*50 oben An der Küste von Oman werden Pferde, Kamele und Elefanten vor dem mit Türmen versehenen Tor einer Stadtmauer ausgeladen. Diese Miniatur stammt aus dem Livre des Merveilles, dem Französischen Codex, der Reiseberichte von Marco Polo enthält. Dieses Buch wird in der Nationalbibliothek von Paris aufbewahrt.*

*50 unten Auf dieser Miniaturweltkarte des 12. Jahrhunderts des arabischen Geographen Al-Idrisi erscheint das Rote Meer breiter als heute und beinhaltet zwei große Inseln. Die Küste Afrikas dagegen verlängert sich stark in Richtung Orient bis zur äußersten Grenze Asiens. Wie es in der islamischen Kartographie Tradition ist, liegt der Norden unten.*

*51 Auf vielen Weltkarten des Mittelalters (wie auf dieser Abbildung), die um 1060 für einen Kommentar zur Apokalypse im 8. Jahrhundert von dem spanischen Pater Beato di Lièbana gezeichnet wurden, hat das Rote Meer eine tomatenrote Färbung, die sich bis zum Persischen Golf und dem arabischen Meer hinzieht.*

# Die Straße der Gewürze

Am Anfang des 16. Jahrhunderts wurde die im Laufe von Jahrhunderten entstandene Handelsroute zwischen Europa und Ostasien plötzlich vom Auftauchen einer neuen, unerwarteten Seemacht im Indischen Ozean revolutioniert. Es handelte sich um die Portugiesen, die nach der Umschiffung Afrikas an den Küsten Indiens ihren Standpunkt aufbauten und den Gewürzhandel vereinnahmen wollten. Sie wollten zu ihren Gunsten auch die Handelsroute in den Atlantik verlegen. Der energischste unter den Gründern des kurzlebigen portugiesischen Reiches war Alfonso de Albuquerque. Er fasste den Entschluss, die beiden Meeresstraßen zu schließen, durch die die mächtige türkische Flotte Zugang zum Indischen Ozean hatte, und bedrohte so die türkische Vorherrschaft. Es handelte sich um den Persischen Golf und

das Rote Meer. Er begann mit der Besetzung der Insel Socotra an der somalischen Küste und der Zerstörung von Mascate. Dann nahm er sich die Festung Aden vor, die die Meerenge Bab el Mandeb kontrollierte. Er belagerte sie im Jahre 1512, konnte sie jedoch nicht erobern. Es gelang ihm aber, Ormuz einzunehmen und so den Persischen Golf zu blockieren. Nur sein Tod hinderte ihn daran, seinen noch kühneren Plan zu verwirklichen. Er wollte das Rote Meer mit einer mächtigen Flotte durchfahren, in Gidda Halt machen und Mekka, die heilige Stadt des Islam, in Asche verwandeln. Die südlichen Gewässer des Roten Meeres wurden für die islamischen Seefahrer auf jeden Fall unsicherer: Die Portugiesen spielten sich als die Herren auf, betrieben Piraterie und überfielen die Schiffe, die Waren und Pilger transportierten. Diese stellten Kontakte mit dem christlichen Abessinien her und versuchten, eine Allianz gegen die Türken zu erreichen, die sich im Jahre 1517 Ägypten einverleibt hatten. Es war der Portugiese Joao de Castro, der 1541 die erste hydrographische Erkundung des Roten Meeres durchführte und ein Portulan verfasste. Aber die Macht Portugals, ein viel zu kleines Land, als dass es eine so starke Expansion hätte aushalten können, nahm schon bald ab. Unser Meer fand seinen Frieden wieder. Inzwischen war es ein ottomanischer See geworden. Der Sultan von Konstantinopel regierte an beiden Ufern bis auf den afrikanischen Küstenstreifen des heutigen Eritrea, der von armen Stämmen Eingeborener bewohnt war. Die Gewürze mit dem Bestimmungsziel Europa nahmen diesen Seeweg nicht mehr, wohl aber die Schiffe mit den Waren für die türkischen Gebiete. Zusammen mit dem Fischfang, dem Kaffeehandel, dem Handel mit Sklaven, die in den afrikanischen Binnenländern gefangen wurden, und den Pilgern wurden diese Gewässer zu den am stärksten befahrenen unserer Erde.

*52 links oben Zu Beginn des 16. Jahrhunderts wurde der Handelsverkehr auf dem Indischen Ozean durch die Ankunft der Portugiesen und ihrer Karavellen durcheinandergebracht. Die Karavellen waren weitaus größer als die Schiffe dieser Region und außerdem mit gewaltigen Kanonen versehen.*

*52 links unten Der portugiesische Vizekönig Alfonso de Albuquerque (1453-1515) versuchte, den Golf von Persien und das Rote Meer zu blockieren und die Burgen von Ormuz und Aden zu besetzen (nur die erstere Besetzung war erfolgreich), um den Arabern den Gewürzhandel abzunehmen und ihn auf die atlantische Route umzuleiten.*

*52 rechts* In den östlichen Meeren errichteten die Portugiesen, die hier in einer indischen Miniatur aus dem Zeitalter des Moguls dargestellt sind, ein weitläufiges Wirtschaftsimperium und eroberten zahlreiche strategische Punkte an den afrikanischen und asiatischen Küsten. Über das Rote Meer gelangten sie auch nach Abessinien, wo sie die Allianz des christlichen Reiches gegen die türkischen Herrscher Ägyptens und Asiens suchten.

*53* Auf der schönen Weltkarte des deutschen Geografen Martin Behaim, der als Erster die neuen geographischen Entdeckungen wiedergab, dehnt Afrika sich weit gegen Süden aus. Das Rote Meer hat seine traditionelle, mittelalterliche tomatenrote Färbung und wurde mit einigen Inseln angereichert, die ein bisschen aufs Geradewohl verteilt wurden.

*54 links oben* In der ganzen ersten Hälfte des 16. Jahrhunderts war das Rote Meer Schauplatz zahlreicher Kämpfe zwischen portugiesischen Piratenschiffen und der ägyptischen Flotte, die im Jahre 1517 in den Besitz des Ottomanischen Reiches kam. Während dieser Expeditionen zeichneten lusitanische Kartographen verschiedene Karten der Küsten und der Häfen. Die hier vorliegende Karte zeigt die sudanesische Stadt Suakin, die auf einer kleinen Insel in der Mitte einer geschützten Bucht erbaut wurde.

# Rotes Meer

*54 links unten* Dieser Portulan, der 1563 von einem Mitglied der Kartographenfamilie Maggiolo verfasst wurde, wiederholt typische Stilelemente aus dem 15. Jahrhundert. Dazu gehört unter anderem die Überladung mit dekorativen Figuren, wie die reich verzierten Zelte, die die Wüste der Sahara übersäen. Die Küsten des Roten Meeres (ohne die Halbinsel des Sinais) sind dagegen nur schemenhaft angedeutet.

*54 rechts* Auf diesen beiden Seiten eines Portulans über den Indischen Ozean und das Rote Meer, der im Jahre 1540 von dem Portugiesen Joao de Castro gezeichnet wurde, scheint die Meerenge von Bab el Mandab eine große Anzahl von kleinen und großen Schiffen wie in einen gefährlichen Wirbel zu ziehen.

*55* Auf dem 1559 von dem portugiesischen Kartographen Diego Homen, der erst in London, dann in Venedig lebte, erstellten Atlas wird das Rote Meer von zwei gegensätzlichen Symbolen beherrscht: den heiligen islamischen Städten Medina und Mekka an der arabischen Küste und dem Priester Gianni auf dem Thron als Souverän des christlichen Abessinien an der afrikanischen Küste.

Siria.
Arabia petrea.
Terreste mare.
Persia
Arabia felix
Mare Indicum.
Media thiopia.
Azama.r.
EQVINO TIALIS
AFRICA
Quiloa
Bonaspes.
TROPICVS CAP RICORNI
Mare bone spei.
MERI DI ES

In der zweiten Hälfte des 18. Jahrhunderts versuchten die Engländer, ihren Einflussbereich auf der indischen Halbinsel auszudehnen und eine schnellere Seeroute herauszufinden. Sie war jedoch nicht für Waren bestimmt, sondern für die Offiziere und Funktionäre, die zwischen dem Vaterland und dem Form annehmenden indischen Reich pendelten. Diese Route sollte über das Rote Meer führen, um die lange Umschiffung Afrikas zu vermeiden. Die Reisenden kamen in Alexandria an, überquerten in zehn Tagen die Deltaregion auf dem Rücken von Kamelen und schifften sich dann wieder in Suez ein. Hier waren beinah ständig zwei Segelschiffe stationiert, die von einem Kriegseinmaster bewacht wurden. So dauerte die Reise von London nach Madras nur etwas mehr als 60 Tage.
Im darauf folgenden Jahrhundert wurde diese Überlandroute mit der Erfindung der Dampfmaschine noch bequemer gemacht. Die Kamele wurden erst durch große Wagen mit Eisenrädern ersetzt, die jeweils sechs Passagiere aufnehmen konnten. Dann wurde eine Eisenbahnlinie gebaut. Zur Kontrolle dieser Route besetzte England, die Mutter der Meere, im Jahre 1839 Aden. Zu jener Zeit und beinah für die Dauer des ganzen 19. Jahrhunderts war Ägypten

*56 oben Zusätzlich zu den aus Indien stammenden Gewürzen und dem jemenitischen Kaffee, gab es noch eine andere, sehr kostbare „Ware“ an Bord der arabischen Schabecken. Es handelte sich um das so genannte „schwarze Elfenbein“, die in Zentralafrika gefangen genommenen Sklaven, die in langen Karawanen bis zur vor der Insel Zanzibar liegenden Küste marschieren mussten. Dort wurden sie von den Käufern ausgewählt und zu den arabischen Märkten transportiert, vor allem nach Kairo. Die schwarzen Schönheiten, wie die hier abgebildete junge Frau, waren vor allem für die Harems der reichen Türken bestimmt.*

*56 unten Häufig vergnügten sich die Händler damit, die Fähigkeiten ihrer „Ware“ vorzuführen und ließen sie auf der Schiffbrücke tanzen.*

*56-57 Die Luftaufnahme zeigt das breite Nilbecken von den Quellen bis zu den Mündungen, das Schauplatz des Sklavenhandels bis zum ausgehenden 19. Jahrhundert war.*

# Sklavenhandel

# Die Wiederentdeckung im 19. Jahrhundert

formell noch ottomanisch, tatsächlich aber unter der albanischen Dynastie unabhängig, die von Mehemet Ali gegründet worden war. So kam es in Ägypten zu einer wahren Invasion europäischer Maler, die nicht nur archäologische Funde, die man seit der napoleonischen Expedition kannte, darstellten, sondern auch Szenen des volkstümlichen Lebens der großen Städte wie Alexandria und Kairo und der Dörfer des Niltals, deren Bauern noch lebten wie zu den Zeiten des Pharaos. Es war die östliche Malerei entstanden; einige ihrer Vertreter drangen auf der Suche nach anderen Objekten als die ewigen Pyramiden und Minarette Kairos in die verstecktesten Gebiete vor. So beispielsweise der Franzose Léon de Laborde, der zusammen mit seinem Landsmann Linant de Bellfonds 1828 die Ruinen Petras in Jordanien besuchte. Seine Reise führte ihn vom Sinai bis Akaba, er malte zahlreiche Ansichten dieser Stadt und anderer beeindruckender Orte am Roten Meer.

*58 und 59 Unter den zahlreichen Künstlern, die im 19. Jahrhundert in Ägypten Einzug hielten, widmeten nur wenige ihre Aufmerksamkeit den Küsten des Roten Meeres. Beinah alle zogen es vor, großartige Monumente des Niltals oder Szenen des täglichen Lebens in Kairo und Alexandria zu malen.*
*Léon de Laborde, der 1828 zusammen mit seinem Landsmann Linant de Bellefonds die Halbinsel Sinai überquerte, um die Ruinen Petras im heutigen Jordanien zu besichtigen, bildet eine Ausnahme. Er hielt sich lange in Akaba auf, wo er mehrere Ansichten der Stadt und der näheren Umgebung anfertigte. Auf diesen Seiten sehen wir einige seiner Werke: eine detaillierte Karte von Ras Mohammad, dem südlichen Ausläufer der Halbinsel Sinai (oben links); die Insel Graia, von der arabischen Küste aus gesehen (in der Mitte) und eine Ansicht der Stadt Tor an der westlichen Küste Sinais, von Süden aus gesehen (unten rechts).*

*60 und 61 Laborde nutzte seinen verlängerten Aufenthalt in Akaba. Er wartete darauf, von den misstrauischen Beduinen endlich die Erlaubnis zur Besichtigung der Stadt Petra zu erhalten. Währenddessen zeichnete er Karten und malte Aquarelle. Auf diesen Seiten ist der verlassen wirkende Berg Hor, von der Stadt El Nakb aus gesehen, abgebildet, eine soeben vor den Mauern Akabas eingetroffene Karawane (unten links) und ein Teil der Festung von Akaba auf dem Strand des gleichnamigen Golfs, eingerahmt von einer langen Palmenreihe (rechts).*

# Die Fauna des Roten Meeres in der europäischen Kunst

*62 und 63 Ein französischer Künstler, der aus Marseille stammende Bildhauer Jean-Jacques Rifaud, der vierzig Jahre lang in Ägypten auf der Jagd nach Antiquitäten lebte und Stücke verschiedenster Art ans Licht brachte (er war es, der die große Sammlung zusammenstellte, die dann vom König Sardiniens, Carlo Felice, gekauft wurde und heute das Ägyptische Museum Turin zu einem der besten der Welt machte), veröffentlichte im Jahr 1830 die eindrucksvolle illustrierte* Voyage en Egypte et en Nubie. *Viele Bilder beziehen sich auch auf die Meeresfauna des Roten Meeres. Auf diesen Seiten sehen wir links von oben nach unten zwei Falterfische, einen Barsch und einen Kofferfisch; rechts einen Kugelfisch und eine Meeresschildkröte.*

# Der Suezkanal

*64 unten Das antike Bestreben, das Mittelmeer und das Rote Meer durch einen Kanal zu verbinden, wurde schließlich im 19. Jahrhundert durch das Werk der Compagnie Universelle du Canal Maritime de Suez verwirklicht, das von dem französischen Ingenieur Ferdinand de Lesseps (1805-1894) geplant worden war (Abbildung).*

*64-65 Die Aushebung des Suezkanals, an der 25.000 Arbeiter beteiligt waren, dauerte zehn Jahre, von 1859 bis 1869, und kostete damals die unglaubliche Summe von 19 Millionen Pfund. Die Luftansicht zeigt den Lauf des Kanals durch den Isthmus und die verschiedenen Seen von Suez, vom gleichnamigen Golf des Roten Meeres bis zum weit entfernt liegenden und fast unsichtbaren Port Said an der Mündung in das Mittelmeer.*

Inzwischen begann ein Projekt Form anzunehmen, mit dem schon lange geliebäugelt worden war: der Bau eines Kanals, der das Rote Meer und das Mittelmeer verbinden sollte. Die Arbeiten begannen 1859 und wurden nach zehn Jahren mit einer großen Einweihung gefeiert, an der einige der gekrönten Häupter Europas teilnahmen und für die Verdi seine Oper Aida komponierte. Der Kanal, der die Reise zwischen Okzident und Orient merklich verkürzte, leitete einen beachtlichen Schiffsverkehr auf das Rote Meer um.

*65 unten Unter den prächtigen Pavillons, die eigens für dieses Ereignis in Port Said erbaut worden waren, leitete der Khedive Ägyptens, Ismail, die Eröffnungszeremonie mit zahlreichen königlichen Gästen. Zu Gast waren: der König Österreichs Franz Joseph, die Königin Eugenia, Gemahlin von Napoleon III., der Erbprinz von Preußen und die Gesandten aller Königshäuser Europas. Verdi hatte für dieses Ereignis die Aida komponiert.*

*65 oben Zu seiner Einweihung am 17. November 1869 wurde der Kanal von einer Flotte eindrucksvoller Schiffe aller Herren Länder befahren, die von den Ägyptern an den Ufern bewundert und gefeiert wurden (siehe Abbildung).*

*66 oben Italien hatte seine erste Kolonie an der afrikanischen Küste des Roten Meeres, die Eritrea genannt wurde, und damit den antiken römischen Namen dieser Gewässer wieder aufnahm. Von der Bucht Assab und von Massaua dehnte sich die Besetzung dann auf das Hochland bis ins Innere des Landes aus und stieß schließlich an die feindlichen Grenzen Abessiniens. Im Jahre 1894 hatte die Kolonie die Ausdehnung erreicht, die wir auf dieser historischen Postkarte sehen können.*

Im Jahre 1880 verkehrten dort bereits zahlreiche Schifffahrtslinien, von denen jede eine andere Route fuhr. Die Deutschen konnten ohne Zwischenhalt bis Aden gelangen. Ebenso die Franzosen, die nicht in der englischen Kolonie Halt machten, sondern in Obock ankerten an der somalischen Küste in der Nähe von Djibouti, das von ihnen im Jahre 1858 besetzt worden war. Die Engländer hielten auf den Inseln Kamaran und in Perim. Die Dampfschiffe der Lloyd Austriaco fuhren Gidda und Hodeida an wie die italienischen, die auch Massaua und Assab bedienten. Die Ägypter fuhren nur kleinere Häfen an, wie Ras Rauai und Ed, außerdem Hodeida, Massaua, Assab und Aden. Es gab auch eine holländische, eine spanische und eine portugiesische Linie in diesem bereits stark befahrenen Meer.
Mit der Entwicklung des Welthandels und der Aufteilung Afrikas unter den europäischen Großmächten

*66 unten Im Jahre 1935 wurden die Gewässer des Roten Meeres von zahlreichen Expeditionen der Kolonialherren befahren: Die Truppen des faschistischen Italiens wurden zur Eroberung Äthiopiens ausgesandt. Um Menschen und Kriegsmaterial transportieren zu können, wurden auch luxuriöse Überseeschiffe wie die Saturnia eingesetzt, deren Heck wir hier vollbeladen mit Soldaten und Seeleuten erkennen können.*

# Die Kriege

wurde diese Entwicklung noch zusätzlich unterstützt. Auch die politische Situation an den Küsten des Roten Meeres hatte sich vollständig verändert. Ägypten gehörte förmlich dem Ottomanischen Reich an, war in Wahrheit aber unabhängig geworden und seit 1882 unter der Kontrolle der Briten, die sich 15 Jahre später auf dem ganzen Sudan ausbreiteten. Eritrea war eine italienische Kolonie geworden. Die Türken besaßen noch die gesamte arabische Küste bis auf Jemen, über das sie nur dem Namen nach Souveränität besaßen. Das Tor zu diesen Gewässern, Bab el Mandeb, war in den Händen der Engländer und der Franzosen, die sich jeweils von ihren Stützpunkten Aden und Obock (das später durch Djibouti ersetzt wurde) feindselig anschauten.
Der Erste Weltkrieg veränderte diese Aufteilung nicht

ILLUSTRAZIONE DEL POPOLO

Supplemento della "GAZZETTA DEL POPOLO"

Anno XX - Numero 45 | Sedici pagine - Cent. 50 | 3-9 novembre 1940 - Anno XIX

LA BATTAGLIA NAVALE NEL MAR ROSSO. — Un convoglio di 36 piroscafi inglesi, proveniente dall'India, che trasportava in Egitto truppe e materiale bellico sotto la scorta di cacciatorpediniere e di incrociatori, avvistato dai nostri aerei fu assalito arditamente nel Mar Rosso meridionale da siluranti italiane che, a malgrado della inferiorità di forze, riuscivano ad affondare sei piroscafi nemici, mentre le batterie della costa colpivano gravemente un incro-

*67 oben Ein englisches Truppenschiff. Es wurde von den Italienern in den ersten Monaten des Zweiten Weltkrieges versenkt. Die italienische Marine versuchte, den englischen Schiffsverkehr im Roten Meer von ihren Stützpunkten in Eritrea aus zu behindern, unterlag aber innerhalb von kurzer Zeit.*

*67 unten Dieses Foto zeigt marschierende Truppen, die gerade in Massaua an Land gegangen waren. Innerhalb von sieben Monaten verzeichnete Massaua in seinem Hafen 554 Schiffe und befand sich damit am Rande seiner Kapazität.*

# Die Kriege

*68 oben links* In der zweiten Hälfte des 20. Jahrhunderts war das Rote Meer Schauplatz zahlreicher Konflikte, die den Seeverkehr miteinbezogen. Auf die Nationalisierung des Suezkanals, die vom ägyptischen Präsidenten Nasser im Jahre 1956 veranlasst wurde, folgte ein zwischen den Engländern, Franzosen und Israelis abgestimmter Angriff, der für längere Zeit die Blockade des Durchfahrtsverkehrs zur Folge hatte.

*68 oben rechts* Noch länger dauerte die Schließung nach dem arabisch-israelischen Krieg im Jahre 1967. Die gepanzerten Streitmächte Israels erreichten das östliche Ufer des Kanals. Zahlreiche Schiffe wurden versenkt, der Kanal blockiert und die gesamte Sinaihalbinsel besetzt. Die Marine kontrollierte den gesamten Norden des Roten Meeres.

wesentlich. Das Ottomanische Reich zerfiel und Arabien wurde unabhängig. Das Rote Meer wurde Durchfahrtsstrecke für die ersten Öltanker, die an den großen Luxusschiffen der Touristenelite auf dem Weg in den wundervollen Orient vorbeifuhren. Hinzu kam die italienische Flotte, die das Expeditionskorps nach Eritrea brachte, das 1935 - 1936 Äthiopien erobern sollte. Und im Zweiten Weltkrieg wurde auch in diesem Meer gekämpft, in dem das faschistische Italien U-Boote stationiert hatte, um den Schiffsverkehr der Engländer zu behindern. Aber die Übermacht der Engländer stellte sich sofort als überwältigend heraus. Andere Kriegssituationen gab es nach der Gründung des Staates Israel. Sein einziger Zugang zum Roten Meer ist der Hafen von Eilat. Die beiden arabisch-israelischen Kriege der Jahre 1956 und 1967 hatten die Schließung des Suezkanals zur Folge. Während der ersten Auseinandersetzung war die Schließung nur von kurzer Dauer, im zweiten Krieg wurde der Schiffsverkehr des Roten Meeres jedoch stark beeinträchtigt. Die letzte Unterbrechung zog sich so lange hin, dass die Ölgesellschaften sich gezwungen sahen, noch größere Öltanker zu bauen und vom Stapel laufen zu lassen. Sie mussten eine so große Ladekapazität haben, dass sie ihnen auch auf der viel längeren Route um Afrika herum die Wettbewerbsfähigkeit erhalten konnten.

*69 oben und in der Mitte*
*Mit dem so genannten Kippur-Krieg, der im Oktober des Jahres 1973 zwischen Arabern und Israelis ausbrach, war der Kanal wieder Schauplatz heftiger Kämpfe. Die Ägypter konnten ihn erfolgreich überqueren und den Feind überraschen. Aber bereits nach wenigen Tagen führten die Israelis eine brillante Umzingelung durch. Sie überquerten selbst den Kanal und schnitten die Kommunikation der ägyptischen Truppen ab, die im Sinai an Land gegangen waren, so dass diese isoliert blieben. Diese Situation zwang Ägypten, um Waffenstillstand zu bitten.*

*68-69 unten und 69 unten*
*In den darauf folgenden Jahren begannen Ägypten und Israel Verhandlungen, die im Jahre 1978 zum Abkommen von Camp David führten. Dieses wurde vom ägyptischen Präsidenten Sadat und dem israelischen Premierminister Begin nach Vermittlungsverhandlungen durch den amerikanischen Präsidenten Carter unterzeichnet. Der Sinai wurde an Ägypten zurückgegeben. Heute gehören seine Strände zu den beliebtesten der Welt.*

# Sharm el Sheikh

*70 oben Ein seltenes Bild, das einen geschichtlich wichtigen Moment für die südliche Küste des Sinais festhält. Im Jahre 1975 besteht Na'ama Bay aus einer spärlichen Ansammlung von Häusern. Zwischen den wichtigsten Gebäuden erkennt man links das Marina Sharm Hotel, das von Israelis gebaut und später renoviert wurde.*

*70 unten Sharm el Sheikh im Jahre 1975: Entlang der Hauptstraße kann man eine kleine Ansammlung israelischer Häuser erkennen und den Hauptmarkt.*

70-71 *Auf dieser Abbildung, die aus der Mitte der siebziger Jahre stammt, kann man in der Mitte der einsamen Na'ama-Bucht das Hugyschmidt Diving Center erkennen. Heute steht an dieser Stelle das Hilton Fayrouz Hotel.*

71 *oben Noch einmal Na'ama Bay (hier ist der südliche Teil der Bucht abgebildet) in der Zeit der Besetzung durch Israel. Nach der Rückgabe an Ägypten hat sich der Tourismus im Süden des Sinais stark entwickelt. Vor allem die Badeorte haben einen enormen Zustrom an Touristen erlebt.*

71 *unten In den siebziger Jahren befand sich in der Bucht von Sharm el Moya ein israelischer Militärstützpunkt, der nach den Friedensvereinbarungen mit Ägypten abgerissen wurde. Damals trug Sharm el Sheikh den jüdischen Namen Ophira.*

72-73 und 73 unten  Die meisten Touristen gibt es in Ägypten – mit seinen herrlichen Stränden, Gewässern und zahlreichen Touristendörfern. Die einsamen Küsten haben sich in ein Paradies für Sonnen- und Meereshungrige verwandelt. Zum ägyptischen Teil des Roten Meeres zählt auch die Halbinsel Sinai, die mit ihrem Vorgebirge von Ras Mohammad (Foto rechts unten) den Golf von Suez vom Golf von Akaba trennt. An der Einmündung des Golfs von Akaba befindet sich die Meerenge von Tiran. Es handelt sich um einen sehr gefürchteten Teil des Meeres, da sich in der Mitte des Kanals vier Riffe bis zur Oberfläche erheben: das Gordon Riff, das Thomas Riff, das Woodhouse Riff und das Jackson Riff, die zahlreiche Schiffsunfälle verursacht haben. Zeugnis ist bis heute das Wrack des Schiffes Louilla, das auf das Gordon Riff aufgelaufen ist (linkes Foto).

73 oben links  An den unberührten Stränden der Insel Dahlak nisten zahlreiche Vogelarten.

73 oben rechts  Hinter diesem Tschador kann man ein Lächeln erahnen.

# Rotes Meer

# Reise entlang der Küsten des Roten Meeres

Die Gewässer des Roten Meeres umspülen die Küsten vier afrikanischer Länder: Ägypten, Sudan, Eritrea und Djibouti (Letzteres nur für die wenigen Kilometer an der Meerenge von Bab al Mandab) und vier asiatischer Länder: Jemen, Saudi-Arabien, Jordanien und Israel.

Es handelt sich um zwei gegenüberliegende Kontinente mit einer relativ homogenen Kultur, die vom arabischen Einfluss bestimmt sind. Dieser umfasst die gesamte Küste des Roten Meeres und manifestiert sich vor allem in zwei Aspekten: der Sprache und der Religion. In der gesamten Region wird Arabisch gesprochen, auch wenn es in den afrikanischen Staaten mehrere verschiedene Idiome gibt. Auch hinsichtlich der Religion besteht eine Homogenität. Fast alle Bewohner sind Muslime, denn schließlich liegt der heilige Ort des Islam, Mekka, nur 80 Kilometer von der Küste des Roten Meeres entfernt in Saudi-Arabien.

Vom Mittelmeer kommend beginnt unsere Reise per Schiff am Suezkanal, dem Zugang zu den warmen Gewässern des Roten Meeres.

Die erste Stadt an der Mündung der Meerenge ist Port Said. Sie wurde 1856 gegründet, als die Arbeiten für den Kanalbau begannen. Interessant ist ein Besuch der alten Stadtviertel in Hafennähe. Dort gibt es noch antike Paläste im Kolonialstil zu besichtigen. Die Atmosphäre ähnelt einer Stadt am Mittelmeer.

Nachdem wir den Bereich der Seen am Golf von Suez hinter uns gelassen haben, gelangen wir endlich an das Ende des Kanals, an dem die chaotische Stadt Suez liegt. Sie verdankt diesem wichtigen Ingenieurswerk ihren wirtschaftlichen Reichtum. In der Nähe von Suez wurden zahlreiche Siedlungen aus der ptolemäischen und römischen Epoche gefunden, die entlang der Ufer des alten Pharaonenkanals entstanden sind. Der Pharaonenkanal wurde im 7. Jahrhundert v. Chr. von dem Pharao Necho II. erbaut und war der erste Versuch, eine Verbindung zwischen dem Roten Meer und dem Mittelmeer herzustellen.

Wir befinden uns also in der Mitte eines tausendjährigen Verkehrsknotenpunktes, was aber nicht nur für den Seeverkehr gilt. Hier zogen die Karawanen der Beduinen auf ihrer Reise nach Arabien und Palästina durch, die muslimischen Pilger wählten diesen Durchgang auf ihrem Weg nach Mekka und der Bibel nach zogen auch Moses und das Volk Israel auf ihrer Flucht aus Ägypten hier entlang.

*74 oben und unten und 75 oben Suez und Umgebung wurde, solange man zurückdenken kann, als strategisch wichtiger Ort angesehen. Bereits vor der Öffnung des heutigen Kanals war Suez ein Knotenpunkt der Handelswege nach Europa, Asien und Afrika. Es wurden viele Versuche unternommen, um in diesem Wüstengebiet eine Verbindung zwischen dem Mittelmeer und dem Roten Meer zu öffnen. Der älteste künstliche Kanal, der teilweise einen befahrbaren Arm des Nils nutzte, wurde wahrscheinlich bereits von den alten Ägyptern im 7. Jahrhundert v. Chr. erbaut.*

# Der Suezkanal

74-75 Wie wichtig das Suezgebiet bereits in der Vergangenheit war, kann man an der modernen Schnellstraße erkennen, die an der Westküste von Suez entlang verläuft. Diese Straße folgt dem antiken Verlauf der Via Hadriana, die von dem Befehlshaber Hadrian im 3. Jahrhundert n. Chr. erbaut wurde. Es handelte sich um ein eindrucksvolles Werk, das dazu gedacht war, die Entwicklung des Handels am Roten Meer zu fördern.

Wir verlassen den Golf von Suez und überqueren die Straße von Gubal. Hier weist das Rote Meer unzählige Korallenriffe auf, die häufig von gefährlichen Strömungen heimgesucht werden. Im Laufe der Jahrhunderte sind dadurch zahlreiche Schiffe an diese Riffe gedrückt worden, die dort ihr trauriges Schicksal besiegelten. Wir lösen uns am Steuerrad ab, um größte Achtsamkeit aufzubringen und um zu vermeiden, dass wir auf die Korallen auflaufen und uns das gleiche Ende droht wie jenen anderen Schiffen. Wir fahren auf die ägyptische Küste zu, bis wir die goldenen Strände

*77 Die Schönheit des Roten Meeres liegt in der außergewöhnlichen geologischen Beschaffenheit der Riffe und der unbeschreiblichen Vielfältigkeit der Organismen, die diese bewohnen, begründet. Dadurch wurde das Rote Meer vor allem für Tauchbegeisterte zu einem begehrten Reiseziel. Auf den Fotografien sieht man einige Riffe in der Nähe der Straße von Gubal.*

*78-79 Auch aus dem Flugzeug betrachtet ist das Rote Meer überwältigend und beeindruckend. Die Abbildung zeigt die schäumenden Wellen, die sich an der Küste bei Ras Zeit brechen, unweit der Einmündung des Suezkanals.*

und Touristenkomplexe von Hurghada erkennen können. Hurghada liegt zirka 600 Kilometer südlich von Kairo und ist das bekannteste Ziel für Taucher in Ägypten. Die Stadt wurde im vergangenen Jahrhundert in einer Bucht gegründet, in der während der ptolemäischen Epoche der Hafen Myos Hormos lag. Heute sieht Hurghada aus wie eine große Touristenstadt, deren Hotels sich entlang der Küste aufreihen. Beinah jedes Touristendorf verfügt über ein angeschlossenes Tauchzentrum. Hunderte von Tauchern machen sich jeden Tag in diesen Gewässern auf die Entdeckungsreise zu den zahlreichen Korallenriffen, die sich wie bunte Fächer vor den Küsten des Landes ausbreiten.

*76 Diese eindrucksvolle Luftaufnahme zeigt die Küsten und die Riffe des Roten Meeres etwas weiter nördlich von der Straße von Gubal. Hier dehnen sich in nur geringer Tiefe unter der Wasseroberfläche herrliche Korallenriffe aus, die sich im Laufe von Millionen von Jahren aus einer Vielzahl von Steinkorallen gebildet haben. In diesem Labyrinth von Korallen schwimmen vielfarbige Fische verschiedenster Formen, nur wenige Millimeter lange Krustentiere und große Langusten, die sich in den Spalten des Riffs verstecken. Hier wachsen auch Schwämme mit interessanten Verästelungen.*

# Vor den Toren Hurghadas

80-81 *Die schönsten Eindrücke kann man dort sammeln, wo der Ausläufer des Korallenriffs in die blaue Tiefe des Meeres abfällt.*
*Die Transparenz des Wassers sowie Plankton und andere Nährstoffe mit sich bringende Ströme sind ausschlaggebende Kriterien für die Entwicklung des vielseitigen Lebens am Korallenriff. Auf dem Foto ist ein Riff in der Nähe von Hurghada abgebildet.*

Wir lassen Hurghada hinter uns und begeben uns weiter nach Süden, umschiffen das Kap Ras Abu Soma, bis wir schließlich das Riff von Safaga erreichen, das ungefähr 50 Kilometer von Hurghada entfernt liegt. Heute ist Safaga nicht mehr nur eine See- und Handelsstadt, deren Tätigkeit vor allem von den Phosphatminen bestimmt ist. Sie hat sich vor allem aufgrund ihrer schönen Küsten in einen touristisch wichtigen Ort verwandelt. An den malerischen Buchten ist das Wasser smaragdfarben.
Aufgrund der typisch hellen Farbe der Strände nahmen einige Archäologen an, dass das heutige Safaga einmal der antike griechische Hafen Leukos Limen gewesen sein muss, der „Weiße Hafen", der von vielen Historikern der Antike beschrieben wurde.

81 oben *Diese Abbildung zeigt den Leuchtturm der Insel Shadwan.*

81 Mitte und unten *Unter „innerem Riff" oder „Lagune" versteht man den Meeresabschnitt zwischen der Küste und dem Riff. Hier besteht der Meeresgrund fast immer aus weißem Sand oder Korallengeröll. Die Lagunen sind meist nicht tiefer als 20 Meter. Da es hier keine starken Meeresströmungen gibt, entwickeln sich auch weniger Korallen und andere Tiere, die eine dynamischere Umgebung brauchen.*
*Die Bilder zeigen einige Riffe nördlich von Hurghada.*

82-83 *Vom Himmel aus verliert sich der Blick über Buchten und Abgründe des Meeres bei Hurghada.*

Wir fahren nun auf das offene Meer hinaus und erreichen nach einigen Meilen die Brother-Inseln, die aus einem Abgrund von mehr als 300 Metern wie zwei Säulen aus der Mitte des Roten Meeres hervorragen.
Die größere Insel, die eine Länge von 200 Metern und eine Breite von 40 Metern aufweist, beherbergt seit 1880 einen von den Engländern erbauten Leuchtturm. Die Engländer kolonisierten damals einen breiten Streifen der westlichen Küste des Roten Meeres.
Bis vor einigen Jahren funktionierte der Leuchtturm noch mit seinem ursprünglichen Beleuchtungssystem, das aus einer einfachen Öllampe bestand. Das Licht wurde durch ein System von Fresnel-Linsen verstärkt; die Drehung der Linsen erfolgte durch Gewichte im Innern des Leuchtturms.
Dieses Bauwerk war nach der Öffnung des Suezkanals notwendig geworden, als das Rote Meer zu einem der wichtigsten und befahrendsten Weltmeere wurde.
Die kleinere Insel ist gerade eine halbe Meile von der Schwesterinsel entfernt. Sie hat ebenfalls eine flache Morphologie und einen Küstenumfang von nicht mehr als hundert Metern.
Da diese kleinen Inseln wie Säulen aus dem Roten Meer hervorragen, ist ihre Unterwasserwelt einzigartig und phantastisch. Die unter der Wasseroberfläche liegenden Wände fallen vertikal in einen Abgrund von mehr als dreihundert Metern ab und sind eine Garantie für große pelagische Fische.
Wir fahren jetzt weiter südlich, bis wir die Küste der Stadt Quseir erreichen, die 80 Kilometer von Safaga entfernt liegt.

Dieser Ort liegt am Ende einer der wichtigsten Straßen, die den Nil mit dem Roten Meer verbinden. In den vergangenen Jahrhunderten war diese Verbindungsstraße ein strategischer Knotenpunkt für den Warenaustausch, denn der Hafen von Quseir war der wichtigste Handelshafen für Waren, die aus den Dörfern und Städten des mittleren Ägypten kamen.

In den Lagunen dieser Küste kann man eine seltene und unvergessliche Begegnung machen, und zwar mit einem Dugong (*Dugong dugong*). Dieses zutrauliche Tier, das früher aufgrund seiner menschenähnlichen Form unter Seeleuten und Fischern den Mythos der Sirenen bestärkte, ist aufgrund des unkontrollierten Fischfangs im Roten Meer vom Aussterben bedroht.

*84 unten rechts und 85 oben und unten Das Meeresleben in den Gewässern der Brother-Inseln ist ganz außergewöhnlich. Die beiden Inseln erheben sich mitten im Roten Meer wie zwei Säulen aus der Tiefe. Die größere Insel ziert ein Leuchtturm, der im frühen 20. Jahrhundert von den Engländern erbaut wurde. Damals war er mit einer Öllampe und einem komplexen System von Tauen und Gegengewichten ausgestattet, die in der Dunkelheit der Nacht die großen Fresnel-Linsen kreisen ließen. Der Leuchtturm wird noch heute von einigen wenigen Menschen in vergeblicher Erwartung irgendwelcher Ereignisse bewacht.*

*84-85 Nach Jahren absoluter Schließung für den Tourismus wurden die Brother-Inseln (im Ortdialekt werden sie el Akawein, die Brüder, genannt) wieder für Besucher freigegeben. Die ägyptische Regierung hat einen geschützten Meerespark geschaffen, der durch strenge Regeln die Natur dieser Meeresgründe schützt. Die Abbildung zeigt im Hintergrund die große Brother-Insel, gesehen von der kleinen Brother-Insel.*

*84 unten links Die dürre Küstenlandschaft bei Quseir taucht in die vor Leben pulsierenden Gewässer des Roten Meeres ein.*

# Inseln und Strände des südlichen Ägypten

Wir verlassen die Küsten von Quseir und fahren weiter nach Südosten. Nach ungefähr 40 Meilen kommen wir an ein herrliches Riff, das Daedalus Riff, das auf Arabisch Abou Kizan genannt wird.
Dieses Riff ist der obere Rand eines alten Vulkankraters, der sich bis zur Oberfläche des Meeres erhob.
Es ist an seinem Leuchtturm leicht zu erkennen, der von den Engländern zu Beginn des 20. Jahrhunderts dort errichtet wurde. Er verfügt über eine lange Holzbrücke, die über das halb unter Wasser liegende Korallenatoll hinwegführt und den Zugang zum Turm ermöglicht.
Wir fahren nun bis zur südlichen Küste Ägyptens weiter und erreichen zwischen den Ortschaften Marsa Alam und dem Vorgebirge von Ras Banas ein herrliches Gebiet mit unzähligen Korallenriffen. Die Natur an diesen Küsten zeigt sich in einzigartiger Schönheit. Man kann an langen Stränden voller Muscheln spazieren gehen und auch den beeindruckenden Nestern des Fischadlers (*Pandion haliaetus*) oder Kolonien lärmender Seeschwalben begegnen.
Jetzt wollen wir uns aber weiter in den Süden begeben. Wir lassen den kleinen Ort Ras Qulan 150 Kilometer südlich von Marsa Alam hinter uns und fahren nach Umschiffung des Kap Ras Banas in einen Golf, den die Römern *Sinus immundus* nannten. Zu diesem Namen kam es durch den Gestank von Schlick und stehendem Wasser in den geschützten Bereichen der Buchten. Trotz des unschönen Geruches gründete Tolomeus II. um 275 v. Chr. hier eine Stadt mit einem wichtigen Hafen, der er den Namen seiner Mutter Berenike gab. Dieser Stadt folgten zwei weitere, die mit dem gleichen Namen bezeichnet wurden: Berenike Epi Dire, an der Küste Eritreas, und die Bergbaustadt Berenike Pankrisia, in der östlichen Wüste an der Grenze zwischen Ägypten und dem Sudan.
Der Hafen der Stadt Berenike lag im Innern des Golfs und war ein sicheres Anlaufziel für die Handelsschiffe, die den Orient und die afrikanische Küste zum Ziel hatten.
Wir lassen auch diese Ansiedlung hinter uns und fahren 30 Meilen nach Osten, bis wir die Insel Zabargad erreichen, um die sich eine geheimnisvolle Legende rankt. Bereits in der Antike erzählt Plinius der Alte in seiner *Naturalis Historia* von einer Insel mit dem Namen Topazos, die sich 300 Stadien vom Kontinent entfernt im Roten Meer befinde, und von der die kostbaren „grünen Steine“ stammen würden, die zuerst mit Topas verwechselt, dann aber als Olivine erkannt wurden.
Auf der Insel, die aus den tektonischen Bewegungen zwischen der asiatischen und afrikanischen Konti-

*86 oben 40 Meilen südlich vom Vorgebirge Ras Banas taucht aus den Gewässern des Roten Meeres die kleine Insel Rocky auf.*

*86 unten Unendliche Farbabstufen von Blau kennzeichnen die Gewässer, die von einem langen Steg durchbrochen werden.*

nentalplatte entstanden ist, gab es Jahrtausende lang Minen zum Abbau dieser Kristalle, deren Höhlen noch heute an den Ausläufern der Insel deutlich zu erkennen sind.

Nachdem die Insel vor einigen Jahren für Touristen geschlossen worden war, wurde sie 1998 zusammen mit den Brother-Inseln und dem Daedalus Riff von der ägyptischen Regierung zum Naturschutzgebiet erklärt, um die noch unverschmutzte Natur dieser einsamen Orte zu bewahren.

Ein eindrucksvolles Panorama bietet sich auf der südöstlichen Seite von Zabargad. Eine stille Lagune wird von einem schneeweißen Strand eingerahmt, der von smaragdfarbenem Wasser umspült wird. Eine Meile von Zabargad entfernt liegt die kleine Insel Rocky Island, deren Gewässer mehr als 500 Meter tief sind und für Taucher ein beeindruckendes Szenarium darstellen.

Wir verlassen schweren Herzens die Inseln Zabargad und Rocky Island und steuern auf die letzten Riffe der ägyptischen Küste zu.

*86-87 und 87 rechts* *Die legendäre Insel Zabargad wird bei Plinius dem Älteren mit dem Namen Topazos zitiert. Dies vielleicht aufgrund einer Fehldeutung der Beschaffenheit der Steine, für die die Insel zur Zeit der Pharaonen bekannt war. Aus dem Gestein der Insel Zabargad wurde eine Art Silikat aus Eisen und Magnesium gewonnen, das aus leuchtendem gelblich grünem Kristall bestand. Auch die Kreuzritter landeten auf dieser Insel und brachten herrlich transparente und große Olivine mit nach Europa. Sie sprachen diesem Mineralgestein Wunderkräfte zu. So wurde dieser Stein zum Symbol des Apostels Matthäus. In der Wappenkunde stand er für Treue, Adel und Großmut. Die Insel wurde im Jahre 1998 als Park deklariert und vollkommen entvölkert. Auf diese Weise hat sich hier für viele Arten von Vögeln ein ideales Habitat entwickelt, die zahlreich an den Küsten nisten. Ganz besonders schön ist die Lagune dieser Insel, in der das Meer türkisfarben schimmert.*

Dieses Gebiet ist auf der Seekarte mit dem Namen Saint John gekennzeichnet. Es handelt sich um ein weitläufiges Gebiet mit Korallenriffen, die sich in wenigen Meilen Entfernung von der ägyptischen bis zur sudanesischen Grenze ausdehnen. Es ist dies ein Meeresabschnitt voller Riffe, die fast alle die typische freistehende Turmform haben. Das Schönste an ihnen sind die vertikalen Wände, an denen sich eine große Vielfalt von Fischen und eine bunte Meeresfauna konzentriert.

Nun verlassen wir die ägyptischen und betreten die sudanesischen Gewässer. Die Schönheit dieser Gewässer wurde durch die Aufnahmen des Kommandanten Jacques Yves Cousteau beschrieben, der im Dezember 1951 seine erste Expedition in die Gewässer des Sudans unternahm.

Das erste Riff ist Angarosh, das von dem arabischen Namen Umm Gurush abgeleitet wurde, was übersetzt soviel bedeutet wie „Mutter aller Haie“. Es gibt wohl keinen anderen Riffnamen, der so genau die Besonderheit der Fauna beschreibt, von der es bevölkert wird!

Etwas weiter südlich befindet sich Sha'ab Rumi, eines der legendärsten Riffe des Sudans, das nach dem Namen und den Funden einiger Amphoren zu schließen, in der Antike ein Anlaufhafen für römische Schiffe gewesen sein muss.

Dieses Riff liegt zirka 30 Meilen von Port Sudan entfernt und zeichnet sich durch seine besondere Ringform aus.

Sha'ab Rumi verfügt über zahlreiche Tauchstellen. Eine sehr bekannte gibt es an der Südspitze. Hier befindet sich in zirka zwanzig Metern Tiefe eine Ebene, die sich wie ein Aussichtsbalkon über die Abgründe neigt. Diese Stelle ist der ideale Platz, um vorbeischwimmende Haie, Barrakuda- oder Großaugenmakrelen-Schwärme zu beobachten.

In den Gewässern von Sha'ab Rumi können wir auch einen der wichtigsten Orte der Tauchgeschichte entdecken. In diesen Gewässern führte der Kommandant Jacques Yves Cousteau im Juni des Jahres 1963 ein ehrgeiziges Experiment durch, bei dem mehrere seiner Männer einige Wochen lang unter Wasser in einem Unterwasserdorf ausharrten.

Das Unterwasserdorf, das *Précontinent II* getauft wurde, lag in etwa zehn Metern Tiefe und bestand aus vier Stahlgebäuden: dem Lager, dem Meeresigel, einer Art Servicestation für das Unterwasserfahrzeug, und dem großen Haus, das wegen seiner Form auch Seestern genannt wurde. Hier wohnten die Meereskundler ungefähr einen Monat lang. Außerdem gab es eine kleine Station auf etwa 25 Metern Tiefe. Ein Großteil der benutzten Konstruktionen wurde nach Abschluss des Experimentes wieder entfernt. Heute sind noch die kleine unterirdische Station für das Unterwasserfahrzeug, die bereits von zahlreichen Korallen kolonisiert wurde, ein Werkzeugraum – und weiter unten – Teile eines Haikäfigs sichtbar.

*88 und 89 In dem Meeresarm, der sich zwischen den Küsten Südägyptens und dem Sudan öffnet, erstrecken sich zahlreiche Riffe, die dem „normalen“ Tauchtouristen noch unbekannt sind. Dabei handelt es sich vor allem um Saint John, das noch vollkommen unberührte Gewässer aufzuweisen hat. Mit bequemen Kreuzfahrtschiffen kann man die Riffe der einsamsten und von der Küste weit entfernten Inseln erreichen. Hier tut sich auch für diejenigen, die nur schnorcheln wollen, ein wahres Unterwasserparadies auf. Die Luftaufnahmen zeigen die Einzigartigkeit der großen Lagune und der Riffe Angarosh und Sha'ab Rumi.*

*90-91 Eines aufgrund seiner ringförmigen Beschaffenheit und der großen Lagune außergewöhnlichsten Riffe im Sudan ist das Riff Sha'ab Rumi. Hier startete Jacques Yves Cousteau im Sommer des Jahres 1963 das ehrgeizige Projekt* Précontinent II.

# Die Riffe Sudans

*92 und 93 Sehr beeindruckend ist der Moment, in dem man mit dem Schiff in der Nähe des Riffs Sanganeb ankommt. Der Leuchtturm scheint sich beinah wie durch einen Zauber über den Gewässern des Roten Meeres zu erheben, da er von einer doppelten Lagune umschlossen wird, die sich zusammen mit einem herrlichen Riff drei Meilen in nordsüdlicher Richtung erstreckt. Der Leuchtturm von Sanganeb, der von den Engländern zu Beginn der 50er Jahre erbaut wurde, um die Schifffahrt in diesem tückischen Meer sicherer zu machen, liegt zwischen dem Suezkanal und der Meerenge von Bab al Mandab. Man hat einen herrlichen Ausblick, wenn man auf den Leuchtturm steigt. Von dort aus kann man wohl eines der schönsten Panoramen betrachten, das das Rote Meer überhaupt zu bieten hat. Auf der rechten Abbildung wird die Lage des Leuchtturms deutlich, der sich auf dem Riff erhebt. Außerdem sieht man die beiden langen Stege, die die Ausdehnung des Korallenriffs überwinden.*

# Die Riffe Sudans

Wir verlassen Sha'ab Rumi und segeln auf den Leuchtturm von Sanganeb zu, der 18 Meilen nordöstlich von Port Sudan liegt. Diese Stadt wurde von den Engländern Mitte der 50er Jahre erbaut, um der Schifffahrt auf dem Roten Meer einige Gefahrenpunkte zu nehmen.

Der Leuchtturm erhebt sich auf einem Korallenriff, das drei Meilen lang ist und in seinem Innern eine herrliche Doppellagune formt, die einen sicheren natürlichen Hafen darstellt. Gehen wir die lange Treppe bis zur Turmspitze des Leuchtturmes herauf, schweift unser Blick über das phantastische Panorama des breiten Riffs und die türkisfarbene Lagune.

Wir stechen wieder in See und nehmen Kurs auf die Küste, Richtung Port Sudan. Diese Stadt ist das wirtschaftliche Zentrum der Küste, was auch gar nicht anders sein kann, da sie über den einzigen Wirtschaftshafen des Sudans verfügt.

Als die Engländer im 19. Jahrhundert in den Sudan kamen, konnten sie schnell die Kontrolle des Seehandels übernehmen. Um dem Handelsplatz einen größeren Impuls zu verleihen, befahlen sie die Erbauung des Hafens von Port Sudan, der weit mehr Schiffe aufnehmen konnte.

Trotz einer ersten Phase des Boykotts durch die alteingesessenen arabischen Händler, die sich von den Europäern ihres Handelsmonopols beraubt sahen, erlangte der Hafen innerhalb kürzester Zeit große Bedeutung, da er in seinem Becken die größte Zahl von Handelsschiffen konzentrierte, die je auf dem Roten Meer verkehrt hatten.

94-95 *Der gesamte Küstenstreifen im Norden von Port Sudan ist von kleinen Buchten und Einschnitten durchzogen, die wichtige Ökosysteme für die unterschiedlichsten Tierarten sowohl zu Wasser als auch zu Land darstellen.*

*94 unten und 95 oben und unten Ungefähr 55 Kilometer südlich von Port Sudan sind noch die Ruinen der Stadt Suakin (Foto rechts) zu erkennen, die bereits die Ptolemäer als Evangelon Portus kannten. Das bedeutet soviel wie: „Hafen des guten Schicksals“. Heute lebt diese Stadt, die damals der wichtigste Hafen des Roten Meeres war, vom weniger wichtigen Binnenhandel. Nur wenige Feluken der Fischer und die letzten Exemplare der Sambuken (große Segelboote mit Lateinersegel, die auf dem Roten Meer und an den afrikanischen Küsten des Indischen Ozeans benutzt wurden) sind von der stolzen Handelsflotte dieser Gewässer übrig geblieben (Fotografie links unten). Allein die warmen Farben der Hauswände, die die alten Mauern bei Sonnenuntergang aufleuchten lassen, sind Zeugnis eines vergangenen Ruhmes der Stadt Suakin. Bei Sonnenuntergang entzündet sich die Stadt in goldenem Schimmern und es scheint, als würde sie für Augenblicke wieder zum Leben erwachen. Leider ist Suakin seit langer Zeit untergegangen.*

# Der verlassene Hafen Suakin

Leider bestimmte sein Bau das Schicksal einer viel älteren Stadt, der Stadt Suakin, 55 Kilometer südlich von Port Sudan gelegen, die sich heute in einem Zustand der Verwahrlosung befindet.

„Die ganze Insel ist eine Stadt und die ganze Stadt ist eine Insel", schrieb der portugiesische Kapitän Juan de Castro 1510 über die im Innern der Lagune gelegene Stadt Suakin, die uns heute wie ein Gespenst erscheint, das uns mit den leeren Fensterhöhlen seiner vollkommen verlassenen Paläste unheimlich anschaut. Die alte Stadt erhebt sich auf einer kleinen Insel im Inneren einer tiefen Bucht, deren Einfahrt vom Meer aus kaum zu erkennen ist. Diese Besonderheit ließ Suakin zu einem perfekten Anlaufpunkt für die Handelsschiffe werden. Und es ist demnach auch kein Zufall, dass bereits die Ptolemäer in dieser Bucht einen Hafen bauten, der den Namen *d'Evangelon Portus* oder „Hafen des guten Schicksals" hatte.

96 oben und 96-97 Die antike Stadt Suakin wurde aus Schutz- und Sicherheitsgründen auf einer im Innern einer tiefen Einbuchtung liegenden Insel erbaut. Sie war also rundherum von Wasser umgeben und für Schiffe, die an den sudanesischen Küsten entlangfuhren, nicht einsehbar. Mit jedem neuen Machthaber durchlebte die Stadt entweder blühende oder miserable Zeiten. Jedes Volk, das die Stadt regierte, hinterließ zwischen seinen Palästen unauslöschliche Zeichen seiner Zeit.

96 unten und 97 oben Unter der türkischen Hegemonie, zwischen dem 16. und 19. Jahrhundert, erlebte Suakin seine Blütezeit. Dank des blühenden Handels mit den asiatischen und afrikanischen Häfen wurden in der Stadt die prunkvollsten Paläste erbaut. Noch heute kann man an den Fenstern die mashrabiya betrachten, Schutzvorrichtungen aus Holz, die mit Intarsien aus Silber und Elfenbein verziert waren. Diese Schutzeinrichtungen dienten dazu, die frische Meeresbrise, nicht aber die heißen Sonnenstrahlen ins Innere der Wohnungen gelangen zu lassen. Suakin ist ein eindrucksvolles Freilichtmuseum. An den Ruinen sind die verschiedenen architektonischen Stile der Völker sichtbar, die in der Vergangenheit das Rote Meer befuhren.

# Suakin

Vor der Besetzung durch die Engländer war dieser natürliche Anlaufpunkt das wirtschaftliche Zentrum des Sudans, in dem der gesamte Seehandel des Landes stattfand. Aber die Enge der Lagune und des Einfahrtskanals, der durch das ständig sich ausdehnende Korallenriff noch schmaler wurde, hat die Engländer dazu bewogen, das neue Hafenbecken von Port Sudan zu bauen. Heute verdient es diese einzigartige Stadt, als kulturelles Erbe der Menschheit bewahrt zu werden. Von den prunkvollen Palästen, die einst einflussreichen türkischen Händlern gehörten, sind nur noch wenige Reste vorhanden. Eine arabische Legende erzählt, dass sieben Jungfrauen in einer Nacht bei Vollmond auf der Insel an einem Ort übernachteten, zu dem kein Mann Zutritt hatte. Auf geheimnisvolle Weise wurden sie in jener Nacht alle schwanger. Dem lokalen Glauben nach geschah dies durch die Vereinigung der Frauen mit den Geistern (*ginn*), wovon auch die Redensart abgeleitet wird „zusammen mit den Geistern" – *sawa jinn* in lokalem Dialekt. Diese Bezeichnung soll der ursprüngliche Name der Stadt Suakin gewesen sein.

# Halbinsel Dahlak im Süden des Roten Meeres

98-99 und 99 in der Mitte rechts *Der auf diesen beiden Ansichten abgebildete Ort Dissei gehört zu dem weitläufigen Archipel der bis heute unberührt gebliebenen Dahlak-Inseln.*

*99 oben und links in der Mitte Die Inseln des weitläufigen Dahlak-Archipels sind meist flach und wüstenhaft. Die Küsten sind mit einzelnen Mangrovenhainen bewachsen, die für viele Vogelarten eine Oase darstellen.*

Mit einem Abstand von etwa 18 Meilen zur Küste fahren wir Richtung Süden, bis wir das Riff North Yumna erreichen. Es handelt sich um ein herrliches Steinkorallenriff mit einer Ausdehnung von ungefähr einem Kilometer. Seine Wände bestehen aus Millionen von Korallen, die so weit in die Tiefe hinunterreichen, dass wir seinen Verlauf mit den Augen nicht mehr verfolgen können. Erst jetzt können wir erahnen, dass wir über dem Blau der Abgründe schweben.

Wir befinden uns bereits im südlichsten Abschnitt der sudanesischen Küste, an der Grenze zu Eritrea. Unsere Besatzung steuert das Schiff sicher auf den Hafen Massawa zu, dessen Gebäude noch die Zeichen der nicht lange zurückliegenden Konflikte tragen.

Nach der arabischen, portugiesischen, türkischen und ägyptischen Besetzung, von 1885 bis 1941, wurde diese Hafenstadt zum wichtigsten Kolonialhafen Italiens im Roten Meer. Zur Zeit des Faschismus war er aufgrund seines blühenden Handels unter dem Namen „das Tor des Reiches" bekannt.

Wir verlassen den Hafen und setzen unsere Reise über ein dunkelgrün gefärbtes Meer fort, bis wir schließlich den Dahlak-Archipel erreichen. Für viele Liebhaber des Meeres erweckt dieser Name Erinnerungen an die ersten Jahre des Tauchsportes. Dank des Buches *Dahlak*, das 1953 von dem damals jungen Journalisten Gianni Roghi veröffentlicht wurde, begann ein immer breiteres Publikum, die unglaubliche Schönheit des Roten Meeres kennen zu lernen. Roghi beschreibt in seinem Buch die italienische Expedition, die 1952 an Bord der *Formica* durchgeführt wurde, an der Bruno Vailati, Folco Quilici und Raimondo Bucher teilnahmen. Sie waren Journalisten, die in jenen Jahren begannen, einem immer größer werdenden Publikum die atemberaubende Schönheit des Roten Meeres bekannt zu machen.

Der Archipel der Dahlak-Inseln besteht aus 209 unbewohnten Inseln. Lediglich auf Dahlak Kebir, der größten Insel, gibt es einige Fischerdörfchen. Der Archipel besteht aus flachen Inseln, die durch das Meer voneinander getrennt sind und deren Strömungen sehr viel Plankton mit sich führen. Diese verschlechtern beträchtlich die Sichtweiten unter Wasser, bilden jedoch die Nahrungsgrundlage für das Meeresleben.

*99 unten Das besondere der Mangrovenhaine – insbesondere der Gattung* Avicenia marina *– die auf den Dahlak-Inseln wachsen, ist, dass diese Pflanzen mit ihren Luftwurzeln das Meereswasser erreichen, das von den Wurzeln aufgesogene Meereswasser filtern und schließlich den Salzüberschuss über die Blätter abgeben. Dadurch erfüllen sie eine wichtige Rolle der Stabilisierung der sandigen Gründe und der Küstenlinie, da sie kleine Abtragungen in ihrem Wurzelgeflecht festhalten.*

# Küsten und Inseln Jemens

Wahrscheinlich ist diese Trübung der Grund, warum viele Taucher nach Erkundung der ägyptischen oder sudanesischen Gewässer vom eritreischen Meer recht enttäuscht sind. Aber die Gewässer der Dahlak-Inseln sind von einer wahren Explosion an Leben erfüllt. Die Korallenriffe sind noch unberührt und von einer außerordentlichen Vielfalt von Lebewesen bewohnt. Wer hier taucht, kann eine einzigartige und noch intakte Naturlandschaft entdecken.

Wir fahren weiter nach Süden an der steinigen Küste Denakils entlang, die von Zeit zu Zeit von Vulkanprofilen unterbrochen wird, und nehmen dann Kurs Richtung Osten, um das Rote Meer zu überqueren. So gelangen wir zu einer Gruppe kleiner Inseln, die am südlichsten Punkt des Roten Meeres liegen, wo die Küsten Eritreas und Jemens sich zur Straße von Bab al Mandab verengen.

Es handelt sich um die Hanish-Inseln, die als Niemandsland betrachtet werden und die bis auf einige vorbeikommende Fischer fast vollständig ungewohnt sind.

Die Hanish-Inseln sind vulkanischen Ursprungs. Man kann steile Abhänge aus schwarzer Lava und große Anhäufungen kohleschwarzer Asche erkennen, die hohe Mauern zwischen der Küste und dem Inland formen. Eine Erkundung dieser Inseln ist daher sehr schwierig. Die Farben der Felsen verändern sich ständig und wechseln zwischen unendlichen Abstufungen von schwarz, grau und ocker. Dadurch entsteht ein eindrucksvoller Kontrast zu den Blautönen des Meeres, die dieser Landschaft eine einzigartige Schönheit verleihen. Sie gehört zu den sehenswertesten Stellen des Roten Meeres.

*100 oben und unten* An den einsamen Küsten der Inseln zwischen Eritrea und Jemen ist eine große Anzahl an Vögeln zu Hause, die an diesen stillen Orten rasten oder brüten. Zu diesen Vogelarten gehören Pelikane, Sula, Raubvögel und verschiedene Seeschwalbenarten, die ganze Kolonien bilden.

*100-101* Glasklares Wasser schimmert in den flachen Insellagunen zwischen Eritrea und dem Jemen.

*101 oben und unten* In dem von kleinen Inseln durchzogenen Meeresabschnitt zwischen den Küsten Eritreas und Jemens kann man hin und wieder noch Sambuken antreffen. Diese Schiffe haben Jahrhunderte lang die Gewässer des Roten Meeres durchzogen. Noch heute sticht einem der schmale und robuste Bootsrumpf ins Auge, Zeugnis einer großen seemännischen Erfahrung, die den Völkern an diesem Meer zu eigen ist. Arabische Seefahrer führten das geschnittene Segel, das so genannte Lateinersegel ein. Dadurch konnte hart am Wind gesegelt werden. Die wenigen noch vorhandenen Sambuken sind heute mit lautstarken Dieselmotoren ausgerüstet, die die eleganten Segel vergangener Zeiten ersetzt haben.

Es ist der Zeitpunkt gekommen, an dem es heißt, kehrt zu machen und den Kurs Richtung Norden, entlang der jemenitischen Küste, einzuschlagen.

Die küstennahe Region heißt *Tihama*, was im Ortsdialekt soviel bedeutet wie „warmes Land“, da die Temperaturen hier im Sommer 50 °C überschreiten. An dieser Küste befinden sich die Ruinen des antiken Hafens Mokha, der einmal ein berühmtes Handelszentrum für den Transport von Kaffee darstellte, der in dem ganzen Gebiet verstärkt angebaut wurde. Heute nimmt die Zahl der Kaffeeplantagen in den Bergen Jemens weiter ab, da sie von den weitaus rentableren Qatplantagen ersetzt wurden. Der Gebrauch des Qat ist in Jemen tief in der Sozialstruktur des Landes verankert. Qat ist eine Pflanze, dessen Blätter ein Alkaloid enthalten, das auf den Organismus eine entspannende und benebelnde Wirkung hat. Aufgrund seines breiten Konsums kann man Qat als eine Gesellschaftsdroge bezeichnen. Die Jemeniten kauen sie nur selten, wenn sie alleine sind. Sie treffen sich dagegen im *mafradsh*, dem schönsten Raum der Wohnung, in dem der Hausherr seinen Freunden die zartesten Blätter der Pflanze anbietet.

Wir fahren die Küste weiter in Richtung Norden hinauf, bis wir nach Hudaida, der zweiten jemenitischen Stadt, kommen. In Hafennähe erheben sich einige alte Gebäude mit interessanter Architektur. Sie sind Zeugnisse eines bedeutenden antiken Wirtschaftszentrums, das die Stadt bis zum letzten Jahrhundert darstellte.

Wir verlassen Hudaida und segeln weiter Richtung Norden bis zu den Vulkaninseln Zubayr.

Dieser kleine Archipel besteht aus sieben Inseln und gehört zu den phantastischsten und schönsten Stellen des Roten Meeres.

Erloschene oder vor langen Zeiten explodierte Vulkankrater bilden tiefe und unheimliche Buchten, in denen sich die Wirbelwinde fangen. Schwarze Lavaströme, große Felsbrocken und Zungen aus dunkler Magma, die bei der Berührung mit dem Meer versteinert sind, bilden Landschaften, die eine Vorstellung an die Frühzeit der Erde in uns wachrufen. Die Faszination dieser kleinen Inseln beschränkt sich nicht nur auf die Überwasserwelt, sondern begleitet uns auch, während wir über die blaue Oberfläche des Meeres dahingleiten.

Bereits wenige Meter unter Wasser dehnen sich phantastische Korallengärten aus, die aus dem dunklen Vulkangestein auf dem Grund emporwachsen. Dadurch kommen in dieser Meeresregion nie gesehene Farbzusammenstellungen zustande.

Wir verlassen die jemenitische Küste und befahren eines der am wenigsten bekannten Gebiete des Roten Meeres, die Farasan-Inseln. Sie bilden ein Labyrinth aus Inseln und Felsen an der Grenze zwischen Saudi-Arabien und Jemen. Wir fahren weiter an der Küste Saudi-Arabiens entlang und lassen den modernen Hafen Gidda hinter uns, der einst als wichtigster Bestimmungshafen galt, um Mekka zu erreichen. Jedes Jahr kamen Millionen Gläubige aus den entferntesten Orten hier im Hafen an, um ihren Pilgerweg ins nicht weit entfernte Mekka anzutreten.

Gidda zeigt sich heute als ein modernes Wirtschaftszentrum. Glücklicherweise konnte man im historischen Zentrum einige der herrlichen Bauwerke vor dem Zerfall bewahren, Zeugnisse vergangener Zeit wie auch die alten Stadtmauern und die prunkvollen Paläste der Händler.

*102 links und rechts und 102-103 oben Überwältigende Lagunen aus Vulkangestein erstrecken sich zwischen den Küsten der Zubayr-Inseln. Diese Inselgruppe befindet sich fast am Ende des Roten Meeres, wenige Meilen von den südlichen Küsten Jemens entfernt. Die Inseln bilden eine wirklich einzigartige und außergewöhnliche Landschaft. Man hat den Eindruck, sich auf einem anderen Planeten zu befinden. Zwischen dem schwarzen Vulkangestein tun sich kleine tiefblaue oder grüne Wasserlöcher auf. In der Entfernung zeichnen sich spitze Krater am Horizont ab und sorgen für Abwechslung – Vorstellungen an die Erschaffung des Universums werden wachgerufen.*

*102 unten und 103 unten*
*Die fischreichen Gewässer des Archipels sind eine große, wertvolle Quelle für die jemenitischen Fischer. Noch heute fischen diese nach der Tradition ihrer Vorfahren.*

# Die Insel Tiran

*104 oben und unten Die Insel Tiran sitzt wie ein großer Flaschenkorken am Eingang des Golfs von Akaba, eingeschlossen zwischen den Küsten Sinais und Saudi-Arabiens, die hier mehr als vier Meilen voneinander entfernt liegen. Die Küste der vollkommen unbewohnten und wüstenhaften Insel zeichnet sich durch sehr unterschiedliche Landschaften und lebendige, bunte Korallenriffe aus. Da die Küsten dieser Insel ständig von Strömungen umspült werden, sind Begegnungen mit Hochseebewohnern garantiert, beispielsweise mit Schwärmen von Großaugenmakrelen, Haien und anderen Fischen des offenen Meeres.*

Fahren wir in Richtung Norden weiter, erreichen wir den Beginn des Golfs von Akaba. Hier streckt sich die saudi-arabische Küste in Richtung Sinai vor und bildet dort den einzig möglichen Durchgang, wo sich – beinah wie ein Korken auf dem Flaschenhals – die Vulkaninsel Tiran befindet. Diese Insel stellt mit den nahe gelegenen Küsten des Sinais eine Art natürlichen Trichter dar. Hier werden die Gewässer des Roten Meeres kräftig und ungestüm und tragen dazu bei, dass sich eine außergewöhnlich reiche Meeresfauna entwickeln kann.
Auf der anderen Seite sind die gefährlichen Gewässer rund um die Insel Tiran und auch an der Straße von Gubal von den Seeleuten immer gefürchtet worden. In den vergangenen Jahrhunderten sind hier zahlreiche Schiffe vom Kurs abgekommen. Ein Auflaufen auf die messerscharfen Korallen am Eingang des Golfs war dann unvermeidlich.

Der sicherere und befahrbare Kanal befindet sich auf der Westseite der Insel zwischen den westlichen Küsten von Tiran und den östlichen Küsten des Sinais, die nur etwa vier Meilen voneinander entfernt sind. Die Durchfahrt für Schiffe ist an sich schon nicht einfach, wird aber noch durch die Tatsache erschwert, dass sich hier vier breite Riffe befinden: Jackson, Woodhouse, Thomas und Gordon. Das Gordon Riff ist an dem Schiffsbauch des Handelsschiffes *Louilla* zu erkennen, das sich im September 1981 auf seine Spitze schob.
Diese vier eindrucksvollen Steinkorallentürme erheben sich aus zirka 1000 Metern Tiefe. Sie sind die am höchsten aufragenden Teile eines großen unterirdischen Rückens: Wir befinden uns über dem ostafrikanischen Graben, eine wichtige tektonische Verwerfung, die das gesamte Rote Meer durchzieht und bis in die Region der großen afrikanischen Seen führt.

*104-105 und 105 rechts Die südlichen und westlichen Ausläufer der Insel Tiran zeichnen sich durch steile Korallenriffe aus, die mehr als 1000 Meter ins Meer abfallen. Die nördlichen und östlichen Ausläufer dagegen sind durch zahlreiche weite Lagunen bestimmt, in denen das Meer grüne und türkisfarbene Schattierungen annimmt.*

# Ras Mohammad und die umliegenden Riffe

*106 und 111* Ras Mohammad, was auf Arabisch bedeutet „Kap des Propheten", ist der äußerste Punkt des Sinais. Dieses Kap ist die natürliche Wasserscheide zwischen dem Golf von Akaba und dem Golf von Suez.

*107-110* Das Kap Ras Mohammad zeichnet sich durch seine schwindelerregenden Abgründe aus, die in unglaubliche Tiefen abfallen. Dadurch wird es für die Taucher zu einem der schönsten Tauchziele im Roten Meer, an dem man die wichtigsten Vertreter pelagischer Fauna beobachten kann. 1983 wurde Ras Mohammad zum nationalen Naturschutzgebiet erklärt. Die ägyptische Regierung bemüht sich, das zarte Gleichgewicht der Korallenriffe sowie die Wüsten des Umlandes vor dem immer größer werdenden Ansturm von Touristen zu schützen.

*112-113 und 113 unten* Das Gebiet des Ras-Mohammad-Parkes besteht aus einer trockenen Hochebene aus Kalkgestein, die trotz ihres wenig einladenden Aussehens für viele Tierarten ein ideales Habitat darstellt. Hier finden sich Füchse, Gazellen und andere Säugetiere. Wenn man dieses Naturschutzgebiet in aller Frühe besucht, kann man sich auf einige überraschende Begegnungen gefasst machen. Mit großer Wahrscheinlichkeit kann man auf weiße Reiher, Fischadler und – in der Vogelzugsaison – viele hundert Störche treffen, die in den stillen Gewässern der Lagune auf der Suche nach Nahrung Rast machen. An diese Hochebene grenzt eines der an Meeresfauna reichsten tropischen Meere unserer Erde. Die Formenvielfalt der bunten Riffbewohner, der ungewöhnliche Reichtum der Korallenriffe mit Türmen aus Steinkorallen, die mit Schwammkorallen, Schwämmen und Anemonen verziert sind, verzaubern den Betrachter jedes Mal aufs Neue.

# Ras Mohammad und Sharm el Sheikh

Wir lassen die Küsten Saudi-Arabiens hinter uns und nehmen Kurs in nordwestlicher Richtung. Wir kommen nach Ras Mohammad, einem eindrucksvollen Vorgebirge aus Kalkstein, das die Spitze des Sinais begrenzt.

Die Schichten aus fossilen Korallen, die Ras Mohammad formen, und seine umliegenden Gewässer wurden von den ägyptischen Behörden im Jahre 1983 zum ersten Naturpark ernannt, der auch die beiden Inseln Tiran und Sanafir einschließt.

Als die ersten Erfolge des Naturschutzes klar auf der Hand lagen, wurden dem Naturpark Ras Mohammad noch weitere Schutzgebiete hinzugefügt: die Gebiete von Nabq am östlichen Ausläufer des Sinais und Ras Abu Galum, der Küstenabschnitt zwischen den Dörfern Dahab und Nuweiba.

Diese verstärkte und bessere Kontrolle der Naturressourcen wurde notwendig, als Biologen eine negative Auswirkung des Tourismus auf das zerbrechliche Ökosystem der Unterwasserwelt und der Wüstenregion nachgewiesen hatten.

Die verstärkte Miteinbeziehung der Reiseunternehmer, auch bei der Sensibilisierung der Besucher, gibt Anlass zur Hoffnung, dass die Umweltschäden nicht vergrößert werden, was bei einer jährlichen Besucherzahl von Millionen Touristen häufig unvermeidbar ist.

Fahren wir die Küste des Sinais nach Norden entlang, erreichen wir einen der bekanntesten Touristenorte: Sharm el Sheikh. Auf Arabisch bedeutet das „die Scheichsbucht“. Dieser Ort hat gerade in den vergangenen zehn Jahren aufgrund der Schönheit seiner Gewässer eine rasante Entwicklung durchgemacht. Und so hat sich dieser friedvolle Ort, eingeschlossen zwischen den roten Felsen des Sinais und dem türkisgrünen Wasser, in eine rastlose kleine Stadt verwandelt, die die Ansprüche eines internationalen und stets wachsenden Tourismus ohne Probleme befriedigen kann. Das größte touristische Wachstum ist jedoch in dem nur sechs Kilometer nordöstlich von Sharm el Sheikh liegenden Ort Na'ama Bay zu verzeichnen.

Hier wurden herrliche Hotels, Geschäfte, Tauchzentren, Diskotheken sowie eine lange Meerespromenade erbaut, um den Aufenthalt am Roten Meer noch angenehmer zu gestalten.

*113 oben Die Luftaufnahme zeigt klar und deutlich die beiden Riffe am Kap Ras Mohammad, die bei Tauchern einen hohen Bekanntheitsgrad haben: links das Jolanda Riff und rechts das Shark Riff.*

*114-115 Das unumstrittene Touristenziel im Sinai heißt Sharm el Sheikh mit seiner herrlichen Bucht Na'ama Bay, wo sich Hotels, Geschäfte, Bazare und Einkaufzentren aneinanderdrängen. Sie alle wurden erbaut, um den Ansprüchen der zahlreichen Touristen gerecht zu werden, die Tag für Tag auf der Suche nach Erholung und Tauchsport die sonnigen Strände füllen.*

Wir lassen die Insel Tiran hinter uns und begeben wir uns in die stillen Gewässer des Golfs von Akaba. Schließlich erreichen wir die Korallenriffe von Dahab, was auf Arabisch „golden“ bedeutet. Vielleicht kam es zu dieser Namensgebung aufgrund der kräftigen gelben Färbung der wüstenhaften Küsten, die an die Farbe des kostbaren Metalls erinnern.
Auch diese Stadt hat in den letzten Jahren eine starke Entwicklung seines Tourismus erfahren. Das liegt sowohl an seinem faszinierenden Hinterland, der Wüste, als auch an den bekannten Tauchausflügen, die man nur hier in dieser Form erleben kann. Dazu gehört die Betauchung des Canyon und des Blue Hole, eine Attraktion, die viele Taucher anzieht.
Von Dahab aus erreicht man mit einem Jeep den bekannten Coloured Canyon. Hier kann man interessante Erosionsspuren betrachten, die das herablaufende Wasser im Laufe der Jahrhunderte in den ockergelben Felsen geschnitten hat. Je weiter man in den bunten Canyon vordringt, desto majestätischer werden die Wände, die bis zu 100 Meter Höhe erreichen. Wir fahren zurück, um den letzten Abschnitt der ägyptischen Küste zu erkunden und erreichen den kleinen Touristenort Nuweiba. Kurz davor liegt die Insel der Pharaonen. Jüngste Ausgrabungen haben gezeigt, dass sie während der XX. Dynastie der Pharaonen ein wichtiger Hafen war, der vor allem für den Transport von Kupfer aus den umliegenden Minen benutzt wurde. Die Überreste der Burg sind noch heute am höchsten Punkt der Insel sichtbar. Sie geht auf die Zeit der Kreuzzüge zurück, als sich die Insel noch *Isle de Graye* nannte. Schließlich treffen wir in Taba ein, Grenzort zwischen Israel und Ägypten.

*116 oben Die Korallenriffe im Golf von Akaba – die Abbildung zeigt einen Abschnitt der Küste bei Nabq – sind fast immer wahre Wellenbrecher, da sie sich parallel zur Küste entwickeln und zwischen der Küstenlinie und dem offenen Meer weite Buchten formen. Hier haben die Gewässer meistens eine geringere Tiefe.*

*116 unten Das Blue Hole in Dahab ist eine der bekanntesten Tauchstellen an der Ostküste Sinais. Die Taucher lassen sich hier in einem großen Loch mit einem Durchmesser von ungefähr 50 Metern herab, das sich nicht weit von der Küste entfernt im Riffdach auftut.*

# Die Küste von Dahab bis Nabq

*116-117 und 117 rechts Die Riffe an der Ostküste des Sinais haben zahlreiche Schiffe kentern lassen, wie z. B. das Hedarome Million Hope, das im Norden der Insel Tiran aufgelaufen ist (rechtes Foto) und heute von der Wucht des Meeres langsam aufgefressen wird.*

# Die Küste von Nuweiba bis Taba

*118-119 und 119 in der Mitte und unten* Eine wichtige Stadt an der Küste des Sinais ist Taba. Sie liegt in der Bucht, die die Grenze zwischen Israel und Ägypten darstellt. Nicht versäumen sollte man einen Besuch der schönen Insel Pharaoh's (in der Mitte), die sich mit ihrer Kreuzritterburg am höchsten Punkt der Stadt wenige hundert Meter von der Küste entfernt erhebt und von herrlichen Korallenriffen umgeben ist.

*118 unten* Der letzte Abschnitt der ägyptischen Küste vor der Grenze zu Israel ist durch eine ständige Abfolge von weiten Buchten, Einkerbungen, Schwemmlandebenen und Sandflächen gekennzeichnet, in denen vereinzelt Beduinenfamilien leben. Hier wurde das Schutzgebiet Ras Abu Galum geschaffen.

*119 oben* Die Küste bei Taba ist von hohen, eindrucksvollen Bergen umgeben, die überraschende Landschaften gestalten wie die Wüstenlandschaft Wadi Nasb.

# Treffen mit Beduinen des Sinais

*120 und 121 In der Nähe der östlichen Küsten des Sinais kann man noch Beduinenstämmen, Nomaden und anderen Wandervölkern begegnen, die sich darauf verstehen, in der Wüste zu leben und deren Geheimnisse kennen. Sie finden sich an den wenigen Wasserstellen, Brunnen und Quellen oder in der Nähe des Meeres ein, wo sie ohne den Gebrauch von Booten direkt vom Ufer aus auf Fischfang gehen. Sie spezialisierten sich auf Viehhaltung und wanderten ständig umher, um ihren Tieren ausreichendes Weideland bieten zu können. Diese Angewohnheiten, die von jedem Wohlstand weit entfernt sind und keinen Raum für Schwäche lassen, bildeten in diesem Volk seit der Antike Fähigkeiten heraus, die einfach außergewöhnlich sind. Die natürliche Selektion, die die Schwachen und Unfähigen von vorneherein aussortierte, machte diese Menschen zum „Volk der Wüste", von der sie sein Wesen übernahmen: eine widersprüchliche Natur, in der Leben und Tod näher beieinander liegen als anderswo.*

# Die Stadt Eilat

Nach kurzer Fahrt kommen wir in die moderne Stadt Eilat.

Die israelische Küste ist recht kurz, jedoch übersät mit Riffen, die parallel zur wenig entfernten Küste verlaufen. Dadurch wird die Erkundung dieser Riffe auch für nicht so erfahrene Taucher zu einem leichten Unternehmen.

In diesen Orten haben die Israelis bereits seit mehreren Jahrzehnten jede von der Natur angebotene Möglichkeit kommerziell ausgenutzt und eine große Anzahl von Tauchzentren erbaut. Außerdem werden Ausflüge zu den Korallenriffen per U-Boot angeboten. 1975 wurde das *Coral World Center* erbaut. Es handelt sich um einen Metallturm, der sechs Meter unter die Wasseroberfläche, mitten in ein reiches Korallenriff führt.

Dieses Gebäude erreicht man über einen langen Steg, so dass man auch ohne zu tauchen das Leben und die Farben des Riffs durch die großen Scheiben des Observatoriums betrachten kann.

*122 und 123 Die einzige israelische Stadt am Roten Meer ist Eilat. Schon seit Jahrhunderten zieht es Touristen in die antike Stadt. Der erste Liebhaber dieser Stadt war der berühmte König Salomon, der in den warmen Gewässern badete, dort, wo heute Touristenscharen in zahlreichen Hotels Urlaub machen. Eilat hat internationale Dimensionen und moderne Strukturen mit verschiedenen Vergnügungsmöglichkeiten. Dazu gehört zum Beispiel das Coral World Center, das aus einem Eisenturm besteht, der in die Tiefe des Riffes hinabfährt und so auch den nicht taucherfahrenen Besuchern einen Einblick in die Unterwasserwelt gewährt (Fotografie links oben). Außerdem gibt es verschiedene, für den Tourismus bestimmte Unterwasserboote, mit denen die Besucher auf Entdeckungstour zu den Schönheiten im Golf von Akaba gehen können.*

Wir verlassen auch diesen Ort und machen uns an die Entdeckung der Gewässer und der Küste von Akaba. Hier wird unsere Reise ans Rote Meer enden.

Akaba ist ein antiker Edomitenhafen, der noch heute ein wichtiger Handelsplatz für Jordanien ist. Seine Geschichte ist 3000 Jahre alt und hat verschiedene traurige Kriegsereignisse miterlebt, darunter die legendäre Eroberung im Jahre 1917 durch die Araber unter der Führung von Lawrence von Arabien. Einige während dieser Eroberung benutzten Waffen sind noch in der Burg aufbewahrt, die im 16. Jahrhundert von dem Emir Khayir Bey al-Ala'i erbaut und heute in ein Museum verwandelt wurde.

Die jordanische Küste erstreckt sich ungefähr 24 Kilometer lang zwischen den Grenzen Israels und Saudi-Arabiens. Häfen und Korallenstrände wechseln sich ab, und es hat sich ein Geflecht aus Industrieanlagen, Naturräumen und Tourismus gebildet.

Befinden wir uns auch am Ende eines tiefen und engen Golfs, so hat das Rote Meer seine Vitalität hier in keiner Weise verloren. Dank tiefer Meerwasserströme sind die Gewässer dieser Küsten sehr sauerstoffhaltig und reich an wichtigen Nährstoffen, und es konnte sich ein üppiges Meeresleben entwickeln.

An dieser Stelle endet unsere Reise zu den Gewässern des Roten Meeres, dieser außergewöhnlich blauen 2000 Kilometer lange Schneise, die sich zwischen den größten Wüsten unserer Erde öffnet, der Sahara im Westen und der arabischen Wüste im Osten. Das Rote Meer hat uns eine Reise zwischen Natur und Geschichte beschert und uns von Pharaonendynastien bis zu kaum zurückliegenden Kriegen geführt, die zwischen den herrlichen Stränden dieses Meeres geheimnisvolle und faszinierende Überreste hinterlassen haben.

*124 und 125 Akaba ist die einzige Küstenstadt Jordaniens. Seit der Antike war diese Stadt sowohl für die Karawanen, die die Wüste überquerten, als auch für die Sambuken, die die Wasser des Roten Meeres befuhren, ein wichtiges Handelszentrum. Noch heute ist Akaba ein wichtiger Hafen für den Warenhandel zwischen Asien und Afrika. Die von einer atemberaubenden Bergkette umgebene Stadt, die damals Mittelpunkt des Lebens und der heroischen Taten von Lawrence von Arabien war, hat sich heute ganz dem Tourismus zugekehrt. Akaba ist außerdem ein guter Ausgangspunkt, um die Stadt Petra zu erkunden, die nabatäische Hauptstadt, die später von den Römern und Kreuzrittern besetzt wurde. Ein anderes interessantes Ziel ist die Wüste Wadi Rum mit seinem eindrucksvollen Ausläufer aus Sandstein, der von einem schmalen und tiefen Canyon zerschnitten ist, in dessen Wände prähistorische Schriften und Zeichnungen eingeritzt sind.*

# Akaba, Jordaniens Stadt am Roten Meer

*126-127 Das Wachstum eines Korallenriffs wird von verschiedenen Faktoren beeinflusst. Aus diesem Grunde ist es nicht leicht, eine allgemeine Formel zu bestimmen, die für die Entwicklung der zahlreichen biologischen Arten, die ein Riff bilden, gültig ist. Meeresbiologen aus Eilat haben geschätzt, dass ein Riff ungefähr 1000 Jahre braucht, um fünf Meter zu wachsen.*

*127 oben Der Imperator-Kaiserfisch* (Pomacanthus imperator) *ist an seinem schimmernden Schuppenkleid leicht zu erkennen.*

*127 Mitte Das Maul eines schüchternen Feilenfisches* (Oxymonacanthus sp.) *lugt aus dem Riff hervor.*

# Rotes Meer

## Das Korallenriff

*127 unten Der Großdorn-Husar (*Sargocentron spiniferum*) ist ein Nachtschwärmer.*

*128-129 Ein Schwarm von Falterfischen tummelt sich um einen Taucher.
Der gelbe Masken-Falterfisch (Chaetodon semilarvatus) ist ein typischer Fisch des Roten Meeres und ist an seinem spitzen Maul, dem leuchtend gelben Schuppenkleid und den dunklen Flecken um die Augen leicht zu erkennen.*

*129 oben Die leuchtend gelbe Meerbarbe* (Parupeneus cyclostomus) *ist ein typischer Fisch des Roten Meeres, der die sandigen Gründe am Fuße des Riffs bevorzugt, wo er seine Beute mittels seiner Barthaare ausfindig macht.*

*129 unten links*
*Der Imperator-Kaiserfisch* (Pomacanthus imperator) *ist an seiner typischen Färbung erkennbar. Er hat diagonal verlaufende gelbe und bläuliche Streifen an den Seiten. Sein Maul ist hellblau und seine Augen sind von einem dunklen, blau umrandeten Band verdeckt.*

*129 unten rechts*
*Die Skorpionsfische haben die Fähigkeit, sich vollständig ihrer Umgebung anzupassen, und es ist in der Tat schwierig, sie zwischen den Korallenästen zu entdecken.*

Das Rote Meer, das auf Arabisch Bahr al Ahmar genannt wird, wurde weltweit bekannt durch die ersten Tauchpioniere wie Hans Hass, der 1949 mit seiner *Leica* als Erster die zahlreichen Korallenriffe dokumentierte. Später begannen die wissenschaftlichen Expeditionen des Forschungsschiffes *Calypso* unter der Führung von Jacques Cousteau. Und zu Beginn der 50er Jahre erreichten auch die ersten italienischen Dokumentarfilmer wie Vailati und Quilici die Gewässer dieses Meeres, um sie zu betauchen. Sie machten das italienische Publikum erstmals mit der außergewöhnlichen Schönheit des Roten Meeres bekannt. Seine ganze Faszination offenbart sich, wenn man das komplexe Ökosystem betrachtet, das sich im Innern der Korallenriffe verbirgt. In dem Labyrinth aus Formen und Farben kann man die Perfektion und Schönheit des Meeres und seiner Kreaturen erahnen, die eine um Millionen von Jahren ältere Geschichte haben als wir.

Man könnte das komplexe Zusammenspiel der Korallenriffe am besten verstehen, wenn man sie aus der Höhe von einem Flugzeug aus betrachtet. Von diesem Beobachtungspunkt könnte man die ständige Abfolge von einsamen Inseln und breiten Riffen bestaunen, die sich oft in stillen Lagunen befinden. Die Steinkorallenbänke, die sich in verschiedenen Formen und Ausdehnungen von wenigen Quadratmetern bis zu unendlich langgezogenen Gebilden entwickeln, sind eine Art Naturmauer und stellten schon immer eine große Gefahr für die Schifffahrt dar.

Das Entlangschwimmen an einem Korallenriff ist wie ein Tagtraum, verloren in vollkommener Stille und angetrieben von der Strömung. Wie in einem wunderbaren Flug gleitet man über Lebensgemeinschaften, die aus Millionen merkwürdiger Kreaturen bestehen. Phantastische Felsspalten und tiefe Canyons öffnen sich in dem Korallenriff und laden zur Entdeckung ihrer verborgenen Geheimnisse ein. Ebenen mit verzierten Rändern überlagern sich und geben zerbrechlichen Steinfällen ihren Ursprung, während die Korallen mit den größten Verästelungen die ruhigeren Gewässern bewohnen und verworrene Steinwälder bilden. Alles ist Farbe, Form und Bewegung, eine Mischung aus einzigartigen, harmonischen, irrealen und ungewöhnlichen Szenarien.

Zarte Federn erheben sich von der Oberfläche der Korallen und schmücken sie für Augenblicke rot, blau oder rosa, lassen sie aussehen wie winzig kleine Weihnachtsbäume, bevor sie plötzlich und unerwartet verschwinden, eingesogen ins Innere der Steinkorallen. Violette Nadelkissen bewegen sich langsam über den Grund und riesige Kohlköpfe leuchten in Gelb und Orange. In Wirklichkeit handelt es sich bei den Weihnachtsbäumen um Schwärme kleiner Ringelwürmer, die in den Poren der Steinkoralle leben, während es sich bei den „Nadelkissen" um Seeigel auf der Jagd nach Nahrung handelt. Die Kohlköpfe sind in Wirklichkeit die Strukturen der Weichkorallen.

Wenden wir unseren Blick ein wenig, können wir kleine Garnelen entdecken, die genug Mut aufbringen, das weit aufgestellte Maul eines großen Rotmeerbarsches zu betreten, um dort jene Parasiten zu verspeisen, die die Ruhe des Fisches stören.

Das Rote Meer bietet den kleinen Polypen, die die eindrucksvollen und komplexen Korallenriffe bilden, mit seinen klaren und warmen Gewässern ideale Lebensbedingungen.

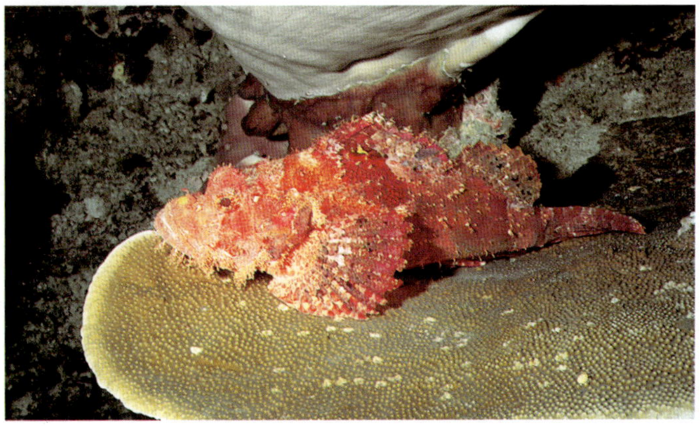

*130 oben und unten*
*Zwischen den Ästen der Schwammkorallen kann man eine Unmenge von Fischen entdecken, die sich hier verstecken. Dazu gehören der kleine Langnasen-Büschelbarsch* (Oxycirrhites typus) *(oben) und der Rotmeer-Falterfisch* (Chaetodon austriacus) *(unten).*

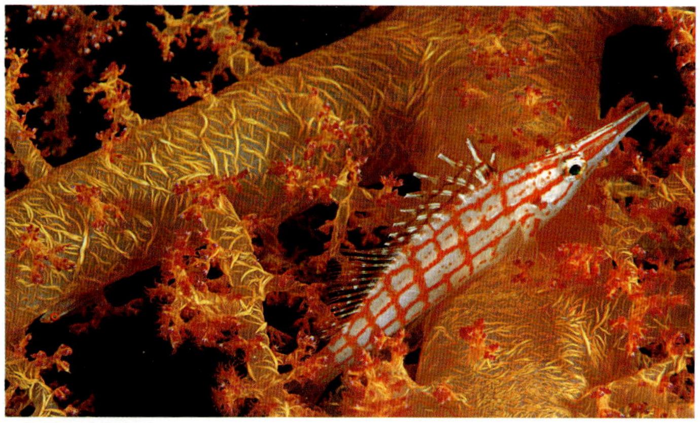

Diese Tiere beginnen ihre Existenz in Form einer Larve und verbringen den ersten Teil ihres Lebens damit, sich für lange Strecken von der Strömung mittragen zu lassen. Sie treiben so lange umher, bis sie reif und stark genug sind, um an einem harten Untergrund haften zu bleiben, der ihnen einen weiteren Schritt in ihrer Entwicklung erlaubt. Von diesem Moment an bleibt die Larve an den festen Körper geheftet und beginnt sehr langsam, sich weiter zu entwickeln, bis sie sich schließlich in einen kleinen Polypen verwandelt hat. Dieser ist der Beginn einer neuen Steinkorallenstruktur.

Jeder einzelne Polyp besteht aus einer Tentakelkrone, in deren Mitte sich der Mund befindet.

Das Geheimnis dieser kleinen Tiere, die sich darauf verstehen, kilometerlange Korallenriffe zu bauen, liegt in dem Kalkmantel verborgen, den diese produzieren und mit dem sie den zerbrechlichen Körper vollständig einhüllen, als sei er ein Panzer.

Die Gemeinschaft vieler Millionen von Polypen lässt große Steinkorallenkolonien entstehen, die sich je nach Art in kompakter Masse oder in Aststrukturen entwickeln. Sie können wenige Kilometer umfassen, aber auch sehr groß sein. Mit ihrem langsamen, aber kontinuierlichen Wachstum vergrößern sie das Korallenriff und lassen es Schritt für Schritt Richtung Meeresoberfläche wachsen.

Jedes Korallenriff kann aus hunderttausendenden Kolonien verschiedener Steinkorallen bestehen, Milliarden von Polypen, die alle miteinander durch eine zarte und doch robuste Kalkarchitektur verbunden sind. Das Leben in der Gemeinschaft bietet verschiedene Vorteile. Auf dem Grund festgeschweißt, verringert sich für die Korallenkolonien die Gefahr, von den Wellen auseinandergebrochen zu werden. Außerdem können sie auf diese Weise oberhalb der Sedimente wachsen, die sich sonst auf den Polypen ablagern und sie ersticken würden.

Die alten Griechen waren der Ansicht, dass die Korallen auf Wunsch der Medusa aus den Samen der versteinerten Meerespflanzen entstünden. Medusa war eine der drei Gorgonen und hatte ein so Furcht erregendes und schreckliches Aussehen, dass sie jeden versteinerte, der es wagte, ihr einen Blick zuzuwenden.

Auch in weniger weit zurückliegenden Zeiten waren die Theorien über die Bildung der Korallen recht wirr und gewagt. Die ersten Naturforscher, die sich der Erforschung des Meereslebens widmeten, waren der Meinung, dass die Steinkoralle nichts anderes sei als eine versteinerte Pflanze. Selbst Linné, einer der wichtigsten Naturforscher des 18. Jahrhunderts, hatte eine Hypothese aufgestellt und erklärt, die Korallen seien in Wirklichkeit Pflanzen mit der außerordentlichen Fähigkeit, sich zur Blütezeit in Seetiere verwandeln zu können. Erst 1726 gelang es dem französischen Naturforscher Jean André Peyssonel, zu beweisen, dass die Korallenriffe in Wirklichkeit aus unzähligen kleinen Tiere bestehen. Es handelt sich dabei um Polypen, die mit ihrer kalkhaltigen Ausscheidung große Steinkorallengebilde in der Tiefe des Meeres errichten können.

Leider war die Zeit noch nicht reif, um eine so innovative und von den Annahmen anderer Wissenschaftler so abweichende These zu akzeptieren. Als Peyssonel sie an der Wissenschaftlichen Akademie von Paris vorstellte, wurde sie deshalb als „wissenschaftlich unhaltbar" abgelehnt.

*131 Der eindrucksvollste Hang eines Riffs ist meist der gegen das offene Meer gerichtete oder der, der den Strömungen am stärksten ausgesetzt ist. Gerade in diesem Bereich des Riffs, wo die Transparenz des Wassers groß ist und die Meeresströmungen Plankton und andere nahrhafte Substanzen mit sich tragen, bestehen Idealbedingungen für das Wachstum zahlreicher Organismen, die alle miteinander zur Ausdehnung des Riffs beitragen.*

Die Struktur der Korallen, die sich ständig verändert und wächst, ist eine Zuflucht für eine sehr vielfältige Meeresfauna, zu der Schwämme, Anemonen, Seesterne, Seeigel, Krebse, Langusten, Riesenmuscheln und Tausende von Fischen mit unterschiedlichen Eigenschaften und Verhaltensformen zählen. Bei einem Großteil der zwischen den Korallen oder den umliegenden Gewässern lebenden Tieren handelt es sich um Fleischfresser. Die großen Haie verschlingen die Großaugenmakrelen, die die Rotmeer-Füsiliere fressen, die wiederum jeden Tag Hunderte anderer Organismen verzehren. Dieses System kann vereinfacht als eine Pyramide dargestellt werden, bei der die kleinsten Lebewesen die Grundlage für die Ernährung der größeren Tiere bilden. Je weiter wir uns der Pyramidenspitze nähern, desto kleiner wird die Anzahl der Lebewesen.

*132 Die Fächer der Gorgonie* (Subergorgia hicksoni) *werden von kleinen, einziehbaren Polypen produziert, die acht Tentakel haben, mit denen sie winzige Nährstoffe aus den Strömungen aufnehmen.*

*133 links oben Der Polychät* (Spirobranchus giganteus) *wird allgemein auch Weihnachtsbaum-Wurm genannt, da seine witzige Struktur aus Kiemenbüscheln an einen Tannenbaum erinnert.*

*133 links unten Ein Haarstern streckt seine Tentakel aus, um die vom Wasser mitgespülten Nährstoffe aufzunehmen.*

*133 rechts Taucht man mehr als zehn Meter in die Tiefe, kann man feststellen, dass die Steinkorallen größer, stärker verzweigt und baumartiger sind. Das hängt damit zusammen, dass sich in dieser Tiefe die Wucht der Wellen verringert.*

*134-135 Ein Schwarm von Fledermausfischen (Platax teira) mit ihrer unverwechselbaren dreieckigen Form und dem leuchtenden Schuppenkleid mit leichten dunkleren Seiten hebt sich gegen das einfallende Sonnenlicht ab und zaubert eine magische Atmosphäre herbei.*

*134 unten Besonders aufregend ist es für einen Taucher, einem Hai aus allernächster Nähe in die Augen zu schauen. Vor allem bei der Betauchung einsamer Riffe kann man häufig auf verschiedene Haiarten treffen. Ein typischer Vertreter dieser Region ist der Graue Riffhai (Carcharhinus wheeleri). Dieses prächtige Tier hat eine starke Muskulatur und kann bis zu zwei Meter lang werden. Besonders leicht ist er an dem weißen Streifen auf der Rückenflosse und dem schwarzen Rand der Schwanzflosse zu erkennen.*

*135 oben Ein Schwarm Einflecken-Schnapperfische (Lutjanus monostigma) schießt in engen Kreisen vorbei.*

*135 unten Die Gelbflossenbarben (Mulloides vanicolensis) leben in der Nähe der Riffwände und formen Schwärme von mehreren hundert Exemplaren, die sich alle gemeinsam bewegen. Tagsüber bleiben diese Fische, die bis zu 30 cm lang werden können, in der Nähe der Korallen, die sich an sandigen Stellen befinden. In der Nacht gehen die Barben auf Nahrungssuche.*

Das Rote Meer ist ein Unterwasserdschungel, in dem jedes Tier ständig mit anderen Lebewesen im Wettstreit steht, ein Kampf ums Überleben und um den Fortbestand der Art.

Wenn man in die Gewässer des Roten Meeres taucht, hat man das Gefühl, sich in einem riesigen Aquarium zu befinden, ganz egal in welche Tiefen man hinabschwimmen will. Wo man auch seinen Blick hinwendet, überall wimmelt es von bunten Fischen der unterschiedlichsten Arten, die sich hier in großer Zahl und enormem Formenreichtum entwickeln. Jeder Tauchgang verspricht neue, unerwartete Entdeckungen. Mal treffen wir auf geheimnisvolle Risse zwischen den Korallen, aus denen die Fühler Dutzender von Langusten hervorgucken, mal befinden wir uns inmitten eines Schwarmes von Großaugen-Makrelen, die im kristallblauen Wasser schweben. Wir könnten Tausende von Begegnungen mit den Lebewesen aufzählen, die in diesem Lebensraum zu Hause sind.

Die außerordentliche Vielfalt der Arten, die in den Gewässern des Roten Meeres leben, ähnelt im Großen und Ganzen der des Indischen Ozeans, mit dem das Rote Meer durch die Meerenge von Bab al Mandab und den Golf von Aden verbunden ist. Die besondere Morphologie des Beckens des Roten Meeres hat die Entwicklung zahlreicher endemischer Arten begünstigt. Dabei handelt es sich um Tiere, die ausschließlich in diesem Meer zu finden sind. Sie machen etwa 17 Prozent des Gesamttierbestandes aus.

Die einzigartige Struktur der Riffe und die fragilen Ökosysteme erlauben der Natur, entlang der Riffwände eindrucksvolle Lebensräume zu bilden, die aus einer unendlichen Vielfalt von Organismen bestehen. Diese folgen einem empfindlichen Naturgleichgewicht und nehmen jeden noch so kleinen Raum ein. In unseren naiven Augen des Landbewohners scheint es sich dabei nur um ein chaotisches Miteinander von Lebensformen zu handeln.

Bisher konnten Biologen noch keine Erklärung dafür finden, wie es im Korallenriff zur Entwicklung so vieler verschiedener Organismen kommt. Es wird wohl noch viele Jahre dauern, bevor der Mensch die Regeln versteht, die das Zusammenleben so vieler unterschiedlicher Arten in den kleinen Lebensräumen eines Riffs ermöglichen.

Für die Organismen, die in der Nähe des Riffs leben, ist das Konzept des Lebensraumes auf das komplexere Konzept der ökologischen Nische zu erweitern. Dieser Begriff bewertet nicht nur den räumlichen Platz innerhalb des Riffs, sondern zieht auch Umweltfaktoren in Betracht, unter anderem, wo das Tier lebt, wie es den Strömungen ausgesetzt ist, wie stark die Lichtintensität ist und in welcher Tiefe es lebt.

*136-137 In einem Spalt zwischen den Korallen hat ein Schwarm von Schwarztupfen-Süßlippen* (Plectorhinchus gaterinus) *Zuflucht gefunden. Diese Fische haben einen robusten Körper und ein unverkennbar helles Schuppenkleid mit zahlreichen kleinen dunklen Flecken. Die ebenfalls getupften Flossen leuchten in einem hellen Gelb.*

# Das Korallenriff

Dank dieser außergewöhnlichen Komplexität wird die Natur des Roten Meeres den Tauchern stets neue und zudem unvergleichbar schöne Szenarien bieten können, unabhängig davon, ob wir die sudanesischen Gewässer, den Golf von Akaba oder die legendären Gewässer Dahlaks betauchen. Zuerst wurden die ägyptischen Gebiete des Roten Meeres von Tauchern entdeckt, vor allem die Gewässer von Ras Mohammad und das Riff von Hurghada. Diese Tatsache ist in erster Linie den Recherchen der amerikanischen Biologin Eugenie Clark zu verdanken, die während der 50er und 60er Jahre verschiedene wissenschaftliche Expeditionen in diese Korallenriffe unternahm. Sie schrieb wichtige Berichte, die in der renommierten Zeitschrift *National Geographic* veröffentlicht wurden und dazu beitrugen, dass die Schönheit des Roten Meeres auf der ganzen Welt bekannt wurde. Noch heute kann man bei einem Tauchgang unter dem Vorgebirge von Ras Mohammad, das den äußersten Punkt des Sinais bildet, die eindrucksvollsten Tauchgebiete des Roten Meeres entdecken wie Shark Reef und Jolanda Reef, zwei Steinkorallentürme, deren südliche Wände vertikal ins Blau hinabfallen. Beim Tauchen in diesen Gewässern hat man das Gefühl, über dem Abgrund des tektonischen Grabens zu schweben, wo einige Dutzend Meter von der Küste entfernt die Meerestiefe zum Teil mehr als 400 Meter beträgt. Jolanda Reef besteht aus einem beeindruckenden Korallenturm. Sein Name geht auf das Handelsschiff *Jolanda* zurück, das 1981 in diesen Gewässern auf Grund lief. Bis 1987 lag das Schiff auf einer Korallenterrasse in Riffnähe, aber aufgrund einer starken Sturmflut in jenem Winter wurde das Wrack an der Riffwand entlanggezogen und verschwand daraufhin in der Tiefe. Bei einem Tauchgang ist es interessant, bis auf den Steinkorallenabsatz hinunterzutauchen, der sich in 25 Metern Tiefe entwickelt hat. Danach fällt das Riff sofort steil in die Tiefen des Meeres ab. Häufig kann man in diesem herrlichen Szenarium dichte Schwärme von Großaugen-Makrelen, Barrakudas oder Thunfischen

*138 links, rechts unten und 139 Die Gorgonie (*Subergorgia hicksoni*) bildet weite Fächer, die bis über einen Meter hoch werden. Dank ihrer biegsamen Struktur kann sie auch den stärksten Strömungen widerstehen, ohne auseinander zu brechen. Gorgonien entwickeln sich senkrecht zur Riffwand, um auf diese Weise wie ein Netz die größtmögliche Menge an Nährstoffen aufnehmen zu können.*

*138 rechts oben  Ein Falterfisch schwimmt – vielleicht auf Nahrungssuche – über einem Gorgonienfächer.*

beobachten. Das Korallenriff Shark Reef ist etwa 50 Meter vom Jolanda Reef entfernt. Zwischen diesen beiden Steinkorallentürmen hat sich ein Sattel aus Sand gebildet, der an der tiefsten Stelle 20 Meter erreicht. Die Strömung zwischen den beiden Riffen stellt sich häufig als ungestüm heraus, ist aber gleichzeitig Garant für die Entwicklung eines abwechslungsreichen Korallenriffs und lockt viele pelagische Fische an.
Während der Sommermonate kann man in den Gewässern bei Ras Mohammad mit etwas Glück ein einzigartiges Naturschauspiel beobachten, das in anderen Gebieten nur schwer anzutreffen ist. Fast undurchdringliche Schwärme von Schnapperfischen (*Lutjanus bohar*), die aus mehreren Hundert Exemplaren bestehen, verharren scheinbar unbeweglich vor dem Korallenriff von Shark Reef und bilden dabei eine beeindruckende silberschimmernde Wand.
In den letzten Jahren hat sich der Tauchtourismus an den Küsten des Roten Meeres und vor allem in Ägypten immer weiter entwickelt, und zwar nicht nur in den Touristenorten an der Küste. Auch die Tauchkreuzfahrten finden ein immer größeres Interesse. Der Vorteil einer solchen Reise ist es, immer neue Tauchgebiete, Inseln und Riffe erreichen zu können, die Dutzende von Meilen von der Küste entfernt sind. Dort sind die Gewässer noch unverschmutzt und bieten dem Taucher Eindrücke von unvergleichlicher Schönheit. Im Roten Meer werden viele verschiedene Kreuzfahrten organisiert. Man hat eine große Auswahl zwischen den verschiedensten Tauchgängen, die alle die Entdeckung exklusiver Orte zum Ziel haben. Man fährt beispielsweise in den Sudan, besichtigt die Wracks von Gubal oder die Unterwasserparks von Zabargad, Daedalus oder die herrlichen Brother-Inseln.
Die Brother-Inseln gehören zu den eindrucksvollsten und bekanntesten Tauchgebieten, die zudem an einer der schönsten Stellen dieses Meeres liegen. Egal in welcher Tiefe man sich befindet, die intensiv blaue Farbe des Wassers bleibt unverändert und fordert ständig dazu auf, in noch geheimnisvollere Tiefen hinabzutauchen. Richtet man den Blick auf die gekräuselte Wasseroberfläche, heben sich gegen das Licht die Silhouetten der Korallen und der großen Gorgonien ab. Barrakuda- und Großaugen-Makrelenschwärme rufen changierende Effekte hervor. Die ganze Inselgruppe weist eine ständige Aufeinanderfolge von Grotten und Wänden auf, die sich im tiefen Blau des Wassers verlieren. Die einfallenden Sonnenstrahlen zaubern Kaskaden aus Licht, die der Unterwasserwelt, die von bunten Fischen und vor allem Haien wimmelt, eine ganz besondere Szenerie verleihen.

*140 und 141 Die Weichkorallen bedecken mit ihren kräftigen bunten Farben gesamte Korallenabschnitte und schaffen dadurch eine geradezu magische Atmosphäre. Die Tiere haben eine baumartige Struktur, die aus zahlreichen Polypen mit acht Tentakeln besteht. Diese dienen dazu, kleinste Nährstoffe und Plankton aus der Strömung aufzunehmen. Durch ihren transparenten Körper hindurch kann man die winzigen Kalknadeln erkennen, die der Weichkoralle größeren Halt und Festigkeit verleihen.*

Auf Kreuzfahrten in den Süden Ägyptens kann man auch andere außergewöhnliche Tauchgebiete entdecken. Ein interessanter Tauchplatz befindet sich zum Beispiel an den Korallenwänden des Elphinstone Reef. Elphinstone Reef ist in diesem Meeresabschnitt ein ganz besonders reizvoller Tauchplatz, da es sich um ein Korallengebilde handelt, das länger als eine Meile ist und vollkommen isoliert im offenen Meer liegt.

Während eines Tauchganges in diesen Gewässern kann man vielen pelagischen Fischen, wie Thunfischen und verschiedenen Haiarten, wie zum Beispiel dem Hammerhai, begegnen. Der aufregendste Tauchplatz liegt genau unter der Südspitze, wo sich in ungefähr 55 Metern Tiefe ein Bogen öffnet, in dem es durch die einfallenden Sonnenstrahlen zu phantastischen Lichtspielen kommt.

*142 und 143 Die Grotten oder das Innere der dunklen Spalten, die sich im Riff öffnen, sind für viele Schattenbewohner ein idealer Lebensraum. Diese farbenfrohen Organismen überziehen jeden noch so kleinen Spalt. Häufig kann man vor allem in diesen Bereichen herrliche Schwämme in den unterschiedlichsten Formen und Farbabstufungen entdecken.*

Unvergesslich sind auch Tauchgänge an den steilen Abgründen des Daedalus-Riffs. Dabei handelt es sich um ein breites Riff, auf dem in mehreren Meilen Entfernung von der ägyptischen Küste ein Leuchtturm errichtet wurde. Es ist ein idealer Tauchplatz für die Beobachtung von pelagischen Fischen, die sich auf der Suche nach Nahrung zahlreich dem Korallenriff nähern. Auf Tauchgängen wird man mit Sicherheit Schwärmen von Großaugen-Makrelen, Barrakudas und vielen Haien begegnen.

Eine der exklusivsten Tauchkreuzfahrten im Roten Meer führt in die sudanesischen Gewässer, die eine außergewöhnliche Faszination besitzen. Hier kann man noch einsame Riffe entdecken, die bisher nur wenigen Tauchern bekannt sind.

*144-145 Zahlreiche Tiere (auf der Abbildung sieht man einen Skorpionsfisch) benutzen die Äste der Gorgonien, die sich zum offenen Meer hin ausstrecken, als Behausung.*

*145 oben Die prächtig gefärbten Nacktschnecken sind sehr beliebte Motive für Unterwasser-Fotografen.*

*145 unten Einer der größten Feinde des Korallenriffs ist die Dornenkrone* (Acanthaster planci). *In den letzten Jahren wurde eine stark zunehmende Verbreitung dieses Seesternes im nördlichen Teil des Roten Meeres festgestellt. Er ruft an den Riffen starke und zum Teil nicht wieder zu reparierende Schäden hervor, da er sich ausschließlich von den Polypen der Steinkorallen ernährt.*

Phantastisch sind auch die Tauchgänge entlang der Steinkorallenwände von Sanganeb. Sie erheben sich senkrecht aus einer Tiefe von fast 800 Metern und bieten Tauchern die Möglichkeit, an herrlichen Korallengebilden entlangzuschwimmen. Die schimmernden Schuppenkleider der in symmetrischer Anordnung vorbeihastenden Fische verwandeln sich in leichte Vorhänge, die die Spalten und Farben des Riffs zart verschleiern. Auf keinen Fall sollte man einen Abstecher zu der zum offenen Meer hin zeigenden Wand versäumen. Gerade hier kann man unverhofft auf Schwärme von Großaugen-Makrelen, Adlerrochen (*Aetobatus narinari*), Barrakudas und auch auf Haie treffen, die sich mit eleganten Bewegungen fortbewegen und in diesen Gewässern häufig zu finden sind.

Die Tauchkreuzfahrten bieten also außergewöhnliche Möglichkeiten, um die entlegensten Gebiete des Roten Meeres zu entdecken. Man sollte darüber hinaus jedoch nicht die Tauchplätze vergessen, die das Ziel der vielen Tagesausflugsboote sind. An Bord eines Kreuzfahrtschiffes hat man vollkommen neue Möglichkeiten. Man kann sich die günstigste Uhrzeit für die Beobachtung der Fische aussuchen und auf diese Weise die überfüllten Boote, die täglich von den Tauchstationen der Touristenzentren aus starten, meiden.

Die für die Tauchkreuzfahrten vorgesehenen Boote verfügen über ausreichend Platz. Man kann den ganzen Tag lang ohne Probleme an Bord bleiben. Die Tauchgänge beginnen meistens am Morgen, sind über den ganzen Tag verteilt und werden dann schließlich für diejenigen, die es wünschen, mit einem eindrucksvollen nächtlichen Tauchgang abgeschlossen.

Die Nacht ist in der Tat ein magischer Zeitpunkt, um das Leben am Korallenriff zu entdecken. Mit Einbruch der Dunkelheit wacht das Riff auf und zeigt sich von seiner aufregendsten Seite. Selbst das noch so vertraute Gebiet nimmt eine vollkommen neue Gestalt an, eine tags erkundete Landschaft verändert sich im Dämmerlicht, wird irreal und ist für jeden Taucher ein beeindruckendes Erlebnis.

Man kann bei Nacht ohne Probleme im Lichtstrahl einer Taschenlampe tauchen. Ein einmaliges Erlebnis, das man auf keinen Fall versäumen sollte.

*146 und 147 Rotfeuerfische sind aufgrund ihrer langen Rücken- und Brustflossen, die aussehen wie Flügel, einfach zu erkennen. Diese langen Flossen sind mit giftigen Drüsen verbunden. Ein Stich dieser Fische ist sehr schmerzhaft, glücklicherweise aber nur selten tödlich. Da die Giftstoffe wärmeempfindlich sind, kann ein Verband mit heißem Wasser auf der Wunde die Kraft der Giftstoffe reduzieren. Der Strahlen-Rotfeuerfisch* (Pterois radiata) *(oben rechts) unterscheidet sich von dem Indischen Rotfeuerfisch* (Pterois miles) *durch seine kleinere Statur, durch die langen, fadenförmigen Fortsätze an den Flossen und durch die Färbung des Schuppenkleides, das eine stärkere Rotfärbung mit dünnen weißen Streifen hat.*

Bereits bei Sonnenuntergang verändert sich die Unterwasserwelt. Die tagaktiven Fische suchen sich ein Versteck für die Nacht, während sich eine Vielzahl von Lebewesen aus ihrem Versteck hervorwagt, die vor dem intensiven Sonnenlicht zurückschrecken. Dabei handelt es sich vor allem um Langusten, Muränen und verschiedene Weichtierarten, die sofort alle Lebewesen verfolgen, die ihnen bei Dunkelheit unterlegen sind. Bereits auf den ersten Metern wird der helle Strahl der Taschenlampe, der die Dunkelheit des Meeres wie eine silberne Klinge durchschneidet, Millionen kleiner wirbelnder Lebewesen anziehen. Kleine Krebse, Würmer, durchsichtige Medusen und Jungfische tummeln sich um den Lichtstrahl, genau wie die nachtaktiven Insekten, die im Licht der Straßenlaternen tanzen.

Zu diesem Gewimmel unterschiedlichster Lebensformen gesellen sich innerhalb von kürzester Zeit vorsichtig Fische, die von der ungewöhnlichen Reichhaltigkeit an Nahrung angezogen werden. Mit geöffnetem Maul schnellen sie schnell hin und her, um sich die leichte Beute einzuverleiben.

Was die Taucher bei Nacht am meisten beeindruckt, ist ein merkwürdiges Phänomen, das sich jeden Tag bei Einbruch der Dämmerung wiederholt. Es handelt sich um das langsame Verschwinden der Fische, die bei Tag das Riff beleben. Einer nach dem anderen verschwinden die Doktorfische, die Lippfische, die Falterfische, und auch die Papageienfische beginnen, sich von der Bildfläche des Riffs zurückzuziehen. Zuerst geschieht der Abzug in kleinen Gruppen, dann lösen sich die Schwärme auf und jeder einzelne Fisch beginnt, sich eine Zuflucht für die bevorstehende Nacht zu suchen. Ist der letzte Fisch verschwunden, scheinen die Gewässer beinah wie durch ein Wunder bewegungslos und unbelebt. Aber sobald die Korallenriffe vollständig von der Dunkelheit eingehüllt sind, beginnt die überraschende Wachablösung.

Der sandige Grund des Riffs, der tagsüber verlassen und eben erschien, beginnt sich auf einmal unter dem Druck herrlicher Muscheln, Stachelhäuter und Krustentiere aufzublähen, bis er in viele kleine Krater zerbricht, aus denen diese dann herauskriechen und auf Nahrungssuche gehen.

Der größte Teil der Fische, die tagsüber das Riff bevölkern, ist verschwunden und sogar die Korallen, die sich von ihrem angestammten Platz nicht fortbewegen können, verändern ihr Aussehen. Ihre Polypen werden dunkler, strecken aber Millionen zarter Tentakel in die Dunkelheit, die sich synchron öffnen und schließen wie bei Fleisch fressenden Pflanzen. Auf diese Weise fangen sie Plankton ein, von dem das Meer nur so wimmelt. Lebewesen, die für ihre Aktivitäten den hellen Tag bevorzugen, versuchen dagegen, bei Nacht unbeweglich zwischen den Korallen auszuharren. Es hat den Anschein, als seien sie in Tiefschlaf gefallen. Sie wenden die außergewöhnlichsten Verteidigungsstrategien an, um den vorbeischwimmenden nächtlichen Beutegreifern nicht zum Opfer zu fallen. Einige Arten der Papageienfische, die sich nachts in den Spalten des Riffs verstecken, scheiden zum Beispiel eine Schleimhülle aus, mit der sie sich vollkommen umgeben. Diese Hülle isoliert sie vollkommen von der Außenwelt, ermöglicht ihnen aber trotzdem die Atmung. Beim Eindringen der ersten Sonnenstrahlen zerreißen die Papageienfische ihre Schleimblase und versammeln sich wieder, um in Schwärmen zwischen den Korallen umherzuschwimmen. Andere kleine Korallenfische profitieren indirekt von diesem wirksamen Schutz. Während eines nächtlichen Tauchgangs kann man manchmal im Innern einer Schleimhülle, die von einem Papageienfisch hergestellt wurde, einen anderen unerwarteten Gast antreffen. Heimlich hat er sich ins Innere geschlichen, in der Hoffnung, eine vor Angriffen geschützte Nacht zu verbringen. Andere Fische zeigen nachts ein Schuppenkleid mit anderen Zeichnungen und Farben als tagsüber, geradezu als würden sie einen Pyjama tragen. Normalerweise weisen sie dann rostrote, braune oder schwarze Farbabstufungen auf. Diese farbliche Veränderung hat den Vorteil, dass die Fische weniger auffallen und im Dunkel der Nacht besser getarnt sind.

*148 und 149 Innerhalb der komplexen Lebensgemeinschaft, die ein Korallenriff bevölkert, gibt es viele verschiedene Tierarten mit symbiotischen Beziehungen in unterschiedlicher Ausprägung. Es kann sich um gleichgestellte, nutznießerische oder gar parasitäre Symbiosen handeln. Manchmal ist es nicht einfach zu beurteilen, ob eine Beziehung nutznießerisch oder parasitär ist, da diese Formen häufig ineinander übergehen. Einige Kreaturen sind dauerhafte Beziehungen eingegangen und haben sich eine Zuflucht in der sicheren Struktur ihres Gastgebers gebaut, wie im Falle der kleinen Putzgarnele* (Periclemens sp.) *(rechtes Foto) oder des Krebses (Foto links oben), die sich zwischen den Tentakeln der Anemone in Sicherheit wähnen.*

*Die kleine Grundel* (Bryaninops sp.) *bevorzugt dagegen das Habitat zwischen den rauen Steinkorallen, wo sie sich perfekt tarnen kann (Foto links unten).*
*Die Farbvielfalt einer Riesenmuschel (Foto links in der Mitte) hängt vor allem von den Zooxanthellen ab, kleine Algen, die mit diesem Tier in Symbiose leben und dem Weichtier wichtige nahrhafte Substanzen liefern.*

150 und 151 Die Papageienfische haben eine robuste Zahnstruktur, ähnlich dem Schnabel eines Papageis. Mit diesen Zähnen zerstückeln sie die Oberfläche der Steinkorallen und fressen all die organischen Substanzen, die sie zwischen den Polypen der Korallen finden. Außerdem besitzen diese Fische ein unglaubliches System, um eine ganze Nacht in Sicherheit vor etwaigen Räubern zu verbringen. Bevor sie zwischen den Korallen einschlafen, bilden sie um ihren Körper herum eine Art Gelatineblase, die verhindert, dass andere Fische auf Beutesuche ihren Geruch wahrnehmen. Zu diesen Räubern gehört etwa die Muräne, die mit ihrem sehr feinen Geruchssinn ihre Beute in der Dunkelheit aufstöbert.

Dieses großartige nächtliche Schauspiel am Riff zieht sich bis zum Sonnenaufgang hin. Dann kehrt sich die gesamte Szene erneut um. Wer sich zuvor noch im Sand oder zwischen den Korallen versteckt hatte, schwimmt nun hervor, während sich die Dunkelheit bevorzugenden Fische mit vollem Magen oder nachdem sie einer neuen Generation winziger Lebewesen Ursprung gegeben haben zwischen dem Riff verstecken. Hervorragende Schauspieler, die sich tags und nachts unermüdlich abwechseln und immer bereit sind, noch eine Wiederholung einer außergewöhnlichen Bühnenshow zu bieten. Eine Vorstellung ohne Ende, deren unersetzbarer Regisseur wieder einmal das Rote Meer ist.

Während der Tauchgänge am Riff wird man sich sowohl tags als auch nachts darüber bewusst, dass das Korallenriff ein zartes, perfekt ausgewogenes Ökosystem ist. Selbst die kleinste Veränderung kann schwerwiegende Probleme im gesamten Habitat hervorrufen, mit häufig nicht wieder gutzumachenden Folgeschäden.

Daher ist es unbedingt nötig, dass wir Taucher verantwortungsbewusster werden. Wir müssen uns darüber im Klaren sein, welche enormen Schäden ein so zartes und zerbrechliches System erleiden kann. Jeder Schlag mit den Schwimmflossen oder eine unbedachte Bewegung kann Korallenstücke aus dem Riff herausbrechen und dem Riff tiefe Wunden zufügen, die viel Zeit brauchen, um wieder zuzuwachsen.

*152 Bei Einbruch der Dämmerung verändert sich das Leben an den Korallenriffen vollkommen. Man kann beispielsweise beobachten, wie die Alicia-Anemone (*Alicia mirabilis*) ihre dünnen, durchsichtigen Tentakel auf der Suche nach kleinen, von der Strömung mitgetragenen Mikroorganismen ausstreckt.*

*153 In der Nacht kann man häufig einer großen Spanischen Tänzerin (*Hexabranchus sanguineus*) (oben) begegnen. Sie hat eine unverkennbare Rotfärbung und bewegt sich mit eleganten, wellenförmigen Bewegungen fort, die an eine Flamencotänzerin erinnern. Die Eier der Spanischen Tänzerinnen (unten) sind so schön wie die Schnecke selbst und sehen aus wie zarte rosa Spitze.*

Glücklicherweise sind sich die Regierungen einiger an das Rote Meer grenzender Länder bewusst geworden, dass die Notwendigkeit besteht, die so schöne und in vieler Hinsicht einmalige Unterwasserwelt zu schützen.
Ägypten hat sich zuerst um die Förderung des Tourismus gekümmert und entlang seiner Küsten einen enormen Touristenstrom aufgenommen, und das nicht zuletzt aufgrund der außerordentlichen Schönheit und biologischen Einzigartigkeit der Korallenriffe. Jeden Tag betauchen Tausende von Personen die Gewässer dieses Meeres, um seine wertvollen Ökosysteme zu beobachten.
In den letzten Jahren wurden auch einige Gesetze zum Schutz dieser Bereiche verabschiedet und Naturschutzgebiete angelegt. Ohne eine strenge Regelung und erhöhte Sensibilisierung der Touristen, die dieses Meer für ihren Urlaub wählen, besteht das Risiko, dass sich die Umweltbedingungen am Roten Meer in kürzester Zeit drastisch verändern.

*154 und 155 Nachts verändern die Korallenpolypen ihr Aussehen vollkommen. Sie strecken ihre kleinen Tentakel in der Dunkelheit auf ständiger Suche nach Nahrung aus. Diese Veränderung verwandelt die Oberfläche der Steinkorallen in unendlich abwechslungsreiche, in den verschiedensten Farben blühende Gärten. Besonders auffällig ist die Steinkoralle der Art* Dendropyllia *(oben), die tagsüber ihre Tentakel einzieht und sie nur nachts ausstreckt. Auch die* Tubastrea aurea *(links), die eine sehr zarte Kalkstruktur hat, verhält sich ähnlich wie die* Dendropyllia. *Sie streckt ihre Polypen nur im Schutz der Nacht hervor.*

*156-157 Der bunte Mantelsaum der Riesenmuschel ist reich an Zooxanthellen. Das sind kleine Algen mit einem Durchmesser von weniger als einem Millimeter, deren Präsenz für das Leben der Weichtiere unabdingbar ist. Das liegt daran, dass diese Tiere, die Chlorophyll enthalten, den Polypen die Aufnahme von Karbonat und Kalk ermöglichen. Dieses sind die Grundstoffe für die Entstehung eines Riffs.*

# Das Korallenriff

*158 und 159 Einige Riffe des Roten Meeres weisen eine Konzentration von herrlichen Weichkorallen auf. Besonders schön anzusehen sind sie, wenn die Korallen ihre Polypen und Verästelungen vollkommen hervorstrecken.*

*160 und 161 Die Weichkorallen gehören zu den schönsten und Aufsehen erregendsten Bewohnern des Roten Meeres, denn sie haben eine zarte und transparente Struktur in Pastelltönen. Dank ihrer weichen, gummiähnlichen Struktur, in der sich die zarten Kalkskelette befinden, können die Weichkorallen auch den stärksten Strömungen widerstehen. Sie biegen sich flexibel mit dem Fluss des Wassers, ohne dabei zu zerbrechen.*

# Grotten

*162 rechts und 163 Eine Grotte strahlt mit ihren bizarren Formen, dem geringen Lichteinfall und dem nur begrenzt zur Verfügung stehenden Raum eine einzigartige und außergewöhnliche Faszination aus. Die Grotten oder tiefen Spalten im Riff sind deshalb so interessant, da sie Lebensräume mit ganz besonderen Bedingungen darstellen. Arten, die viel Sonne zum Wachstum brauchen, wie der größte Teil der Steinkorallen, können hier nicht leben. Dafür gedeihen hier die merkwürdigsten Schattenbewohner. Meist handelt es sich dabei auch um eindrucksvolle Fotomotive.*

*162 links Die Kraterkoralle (Turbinaria) gehört zu den Steinkorallen, die sehr auffallende Kolonien bilden. Die vertikalen Bogen und Spalten, die sich in die Höhe recken, verleihen der Steinkoralle das Aussehen einer Riesenblume mit halbgeöffneten Blütenblättern.*

*164 und 165 Gorgonien wachsen immer senkrecht zur vorherrschenden Strömung, damit ihre kleinen Polypen, die sich auf den Ästen befinden, möglichst viel Nahrung aufnehmen können. Deshalb haben die Gorgonienfächer an den Riffwänden alle die gleiche Ausrichtung.*
*Die Polypen der Gorgonien haben auf den feinen Tentakeln Nesselhaare, mit denen sie ihre Beutetiere, die aus Plankton bestehen, bewegungsunfähig machen. Glücklicherweise sind diese Nesselgifte für uns nicht wahrnehmbar.*

*166 und 167 Die Peitschenkoralle (Junicella junicea) gehört zur Ordnung der Gorgonien. Im Gegensatz zu den meisten anderen Gorgonienarten hat sie eine fadenförmige Struktur und besitzt keine Verästelungen. Sie erhebt sich vertikal vom Grund und weist nur gegen das Ende hin eine leichte Krümmung auf. Die Junicella junicea siedelt auf zahlreichen Untergründen mit starker Strömung, ein spektakulärer Anblick. Aufgrund ihrer elastischen Struktur widersteht sie auch den stärksten Strömungen. Sie hat eine schöne Rotfärbung und kann einen Meter Höhe durchaus überschreiten. Der Durchmesser des oberen Zweiges beträgt mehr als drei Zentimeter.*



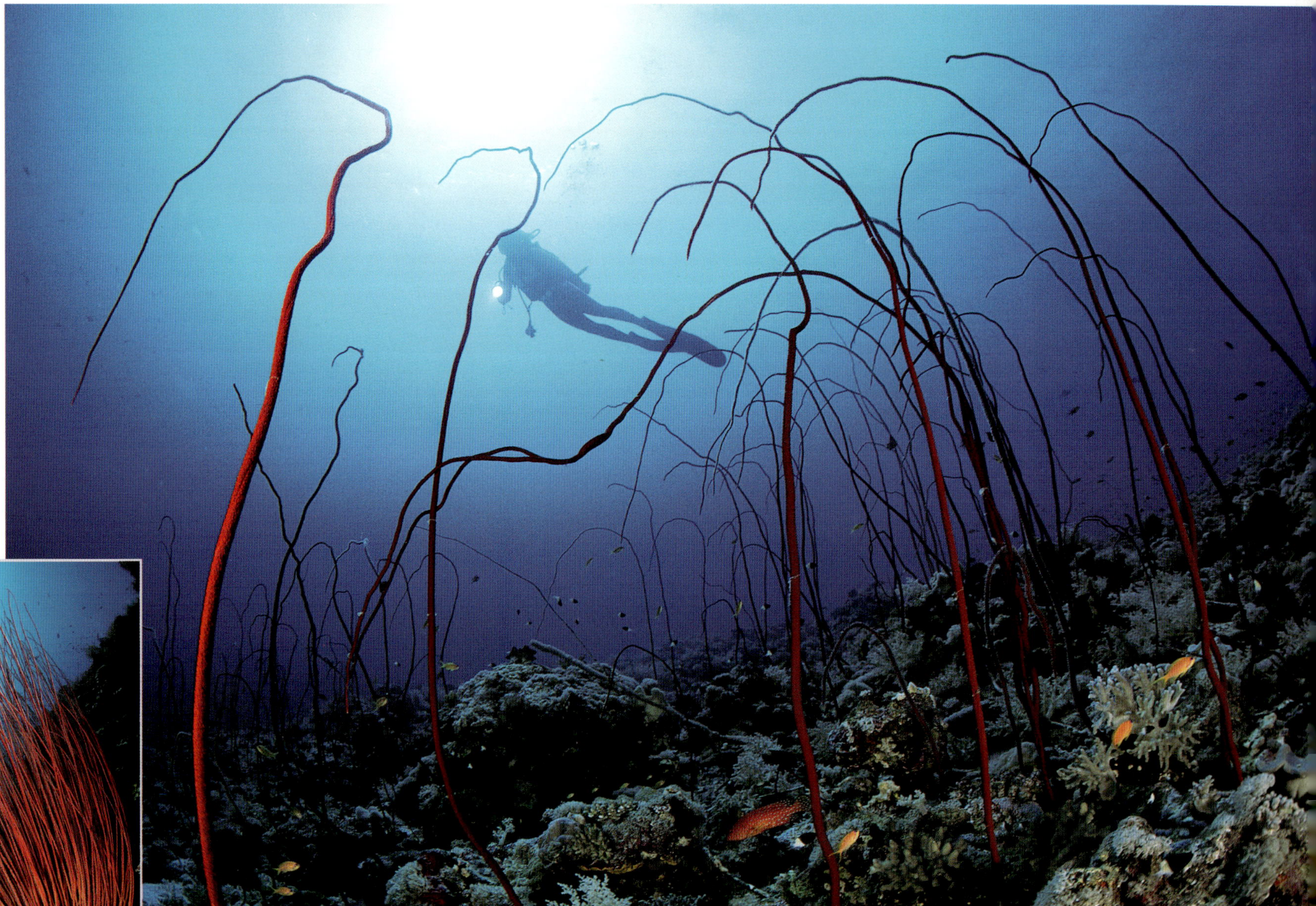

*168 und 169 Betrachtet man aufmerksam die Zweige der Gorgonien, kann man zahlreiche kleine Bewohner entdecken, die ihr Leben in der Verborgenheit dieses Mikrokosmos verbringen. Über die Weich- und Krustentiere hinaus kann man auch kleine Grundeln entdecken (links und rechts), die bewegungslos zwischen den Polypen der Gorgonien ausharren und jeweils deren Farben annehmen. Sie tarnen sich so auf perfekte Art und Weise und werden praktisch unsichtbar. Ein anderer Fisch, den man häufig zwischen den Ästen der Gorgonien entdecken kann, ist der Langnasen-Büschelbarsch* (Oxycirrhites typus) *(in der Mitte), der sich dank seiner schachbrettartigen weißroten Musterung im Wirrwarr der Zweige gut verstecken kann.*

*170-171 Die Gorgonie* (Subergorgia hicksoni) *wird sehr groß und gehört zu den schönsten und auffälligsten Bewohnern des Korallenriffs.*

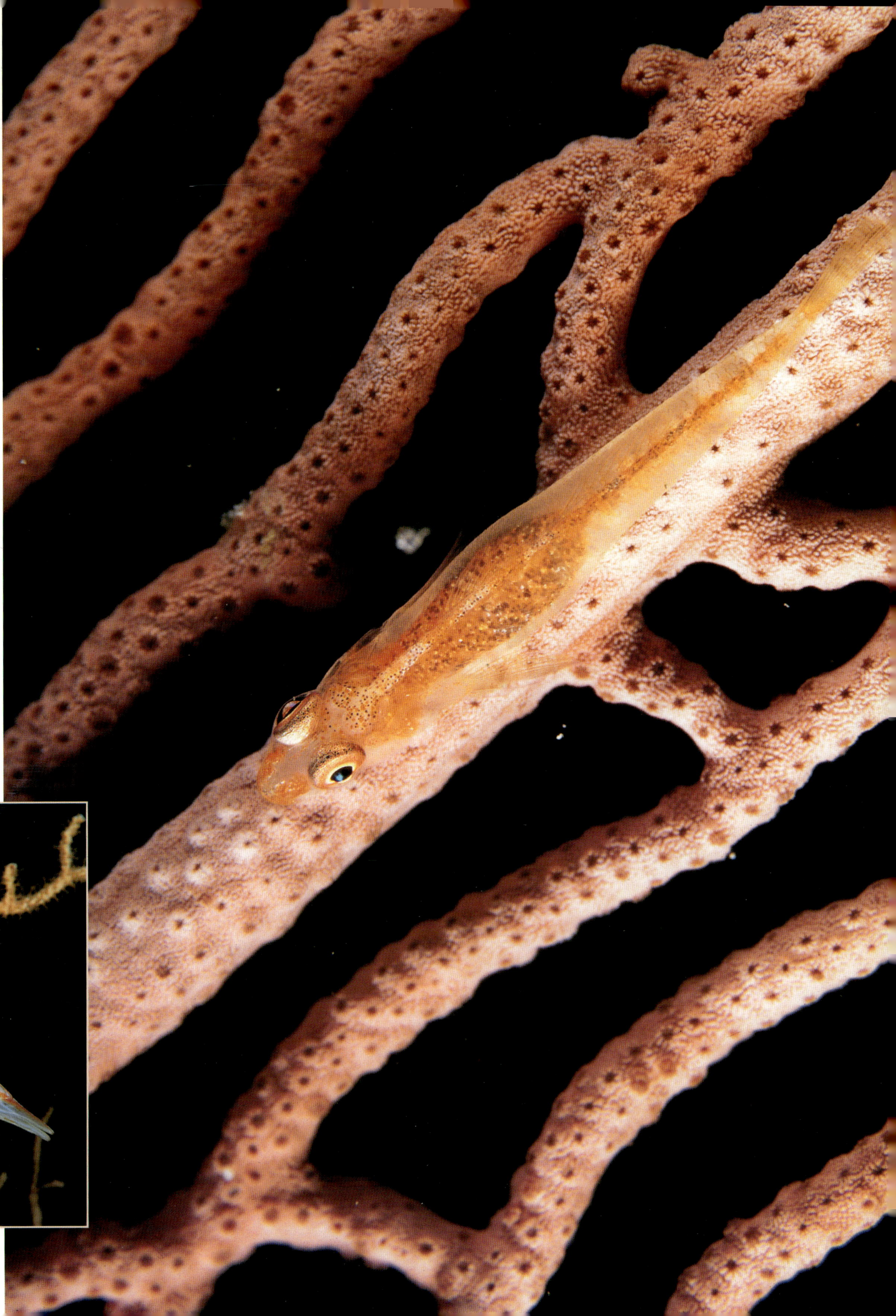

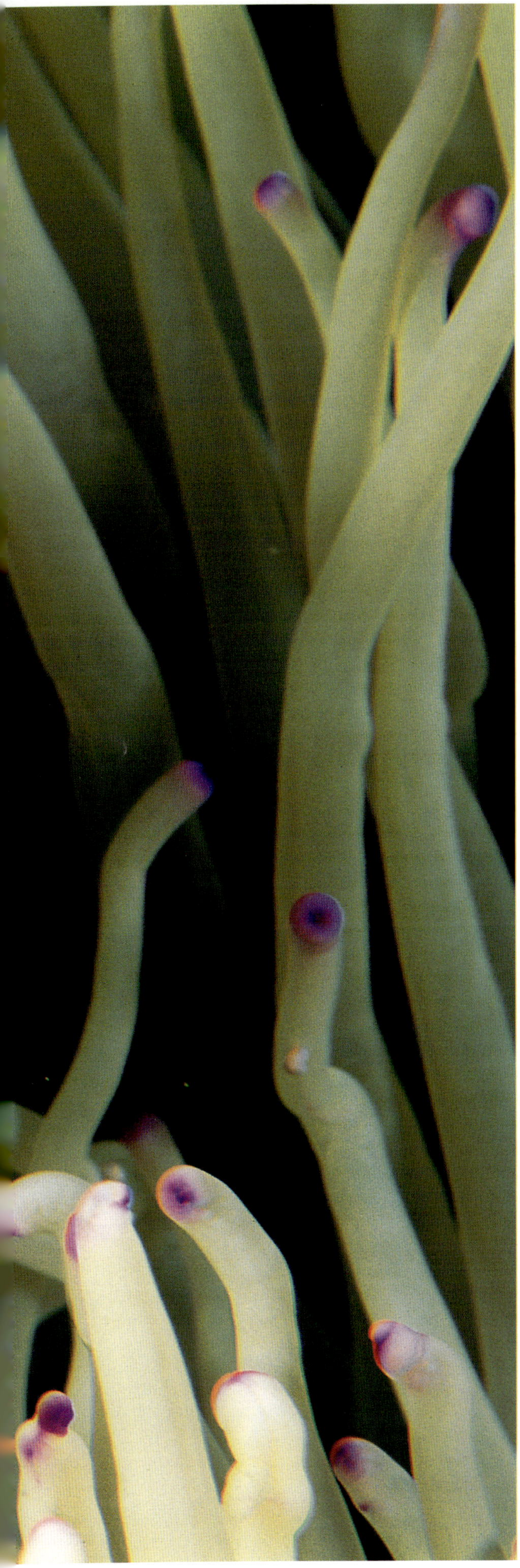

*172 und 173 Der Rotmeer-Anemonenfisch* (Amphiprion bicinctus) *hat ein orange gefärbtes Schuppenkleid mit weißen Querstreifen. Er lebt in Symbiose mit verschiedenen Anemonenarten, vor allem mit der Prachtanemone* (Heteractis magnifica)*, einer Anemone mit gelbgrünen Tentakeln und einem rötlichen Körper. Auf den Tentakeln dieser Hohltiere befinden sich zahlreiche Nesselzellen* (Nematocyten)*, in denen sich ein langer, spiralförmig aufgewickelter Faden befindet. Wenn die Anemone mit einem Fremdkörper in Berührung kommt, zum Beispiel mit einem Fisch, werden die Fäden freigesetzt und injizieren giftige Substanzen. Nur der grazile Clownfisch ist gegen diese Substanzen immun.*

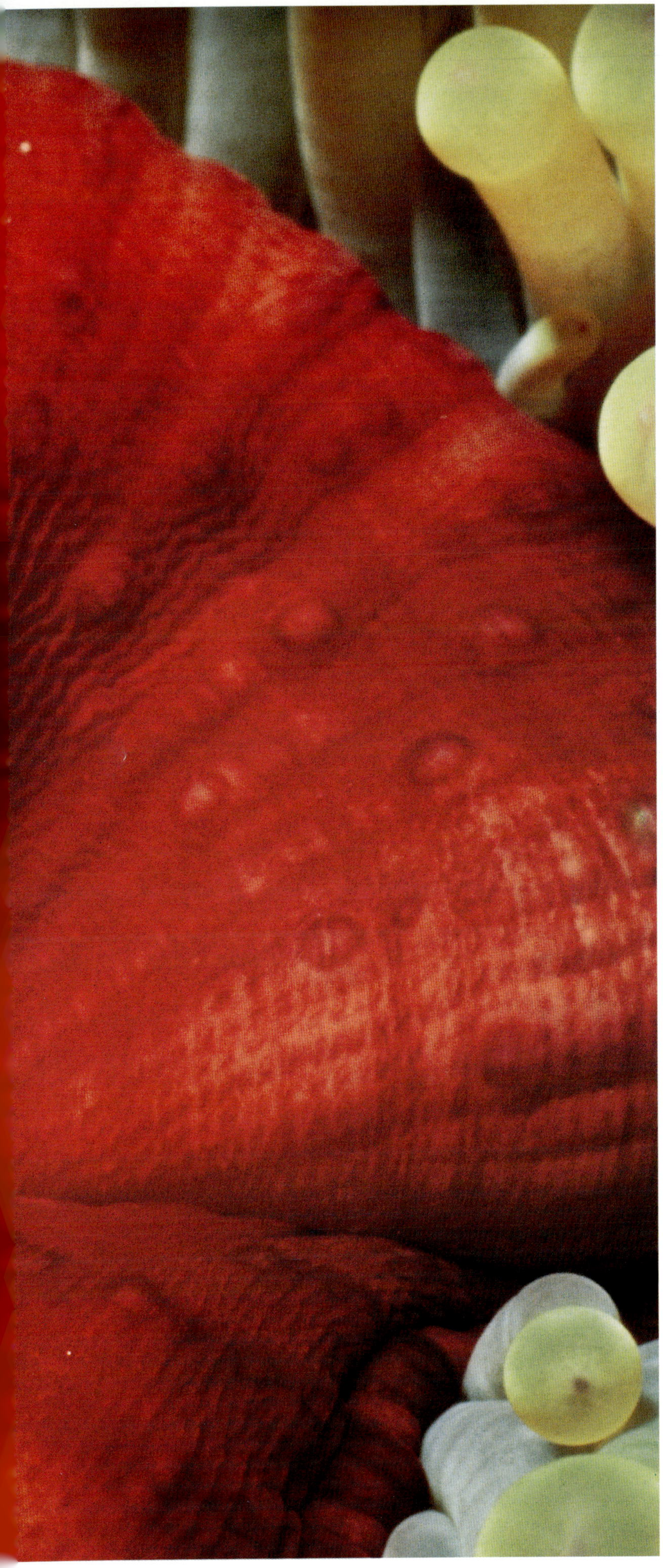

*174 und 175* Das Leben am Riff besteht auch aus winzig kleinen Organismen, die ebenfalls in tieferen Bereichen gut zu beobachten sind. Man erhält sehr viele Anregungen für die Makrofotografie. Hier wurde z. B. ein kleiner Clownfisch (Amphiprion bicinctus) (Abbildung links) an einer Anemone fotografiert sowie (Abbildung rechts) der grazile Blennius ocellaris, der sich in den Aushöhlungen eines roten Schwammes verbirgt, aus denen nur der Kopf hervorschaut.

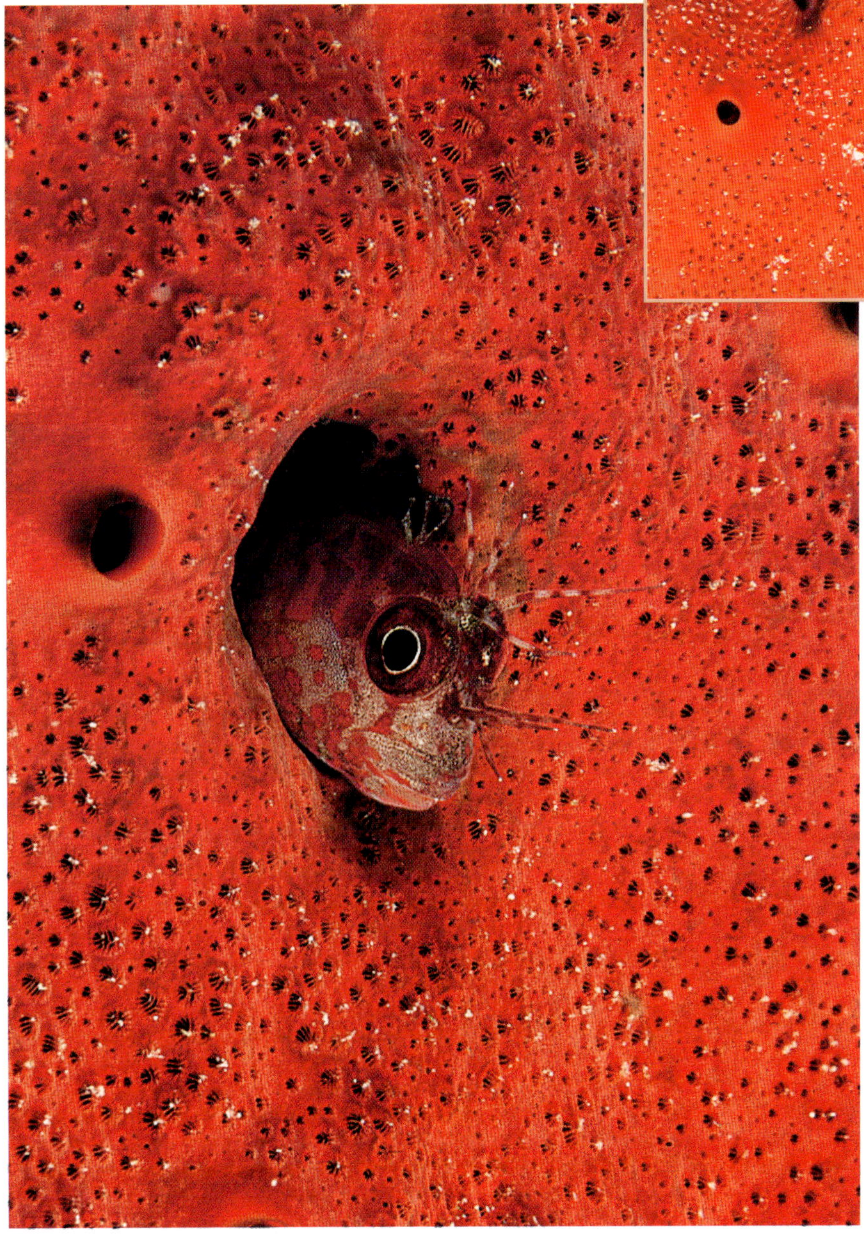

# Das Korallenriff

*176 und 177 Sehr eindrucksvoll ist ein Zusammentreffen mit dem geselligen Napoleonfisch* (Cheilinus undulatus). *Sein Umriss ist aufgrund der typischen vorspringenden Stirn leicht auszumachen, die ihm einen so wohlklingenden Namen eingebracht hat, vielleicht weil sie irgendwie an die Kopfbedeckung Napoleons erinnert. Seine Gier auf hart gekochte Eier ist legendär, und viele Taucher haben in den letzten Jahren versucht, die Fische mit diesem Leckerbissen anzulocken. Diese Angewohnheit hat allerdings starke Eingriffe in die Nahrungsgewohnheiten des Napoleonfisches mit sich gebracht. Wir sollten daher die Fische niemals füttern!*

*178-179 Die Erkundung der Sandböden, die sich am Fuße der Korallenriffe auftun, bringt häufig ein überraschendes Zusammentreffen mit merkwürdigen Kreaturen mit sich, die sich auf dem Boden getarnt haben. Zu diesen Überraschungsgästen zählt der Krokodilfisch* (Papilloculiceps longiceps). *Dieser hat einen platten Körper und einen kräftig entwickelten Unterkiefer, der dem Maul eines Krokodils ähnelt.*

*178 unten Der Blaupunkt-Rochen* (Taeniura lymna) *hat eine graubraune Färbung mit intensiv blau schimmernden Flecken auf der Oberseite des Körpers.*

*179 oben Dem Leopardenhai* (Stegostoma fasciatum) *kann man hauptsächlich auf den sandigen Bereichen begegnen, die sich in fünf bis 30 Metern Tiefe zwischen den Korallen auftun.*

*179 unten Rochen sind auf den sandigen Böden bestens getarnt. Sie haben an der Schwanzflosse lange und starke Giftstacheln.*

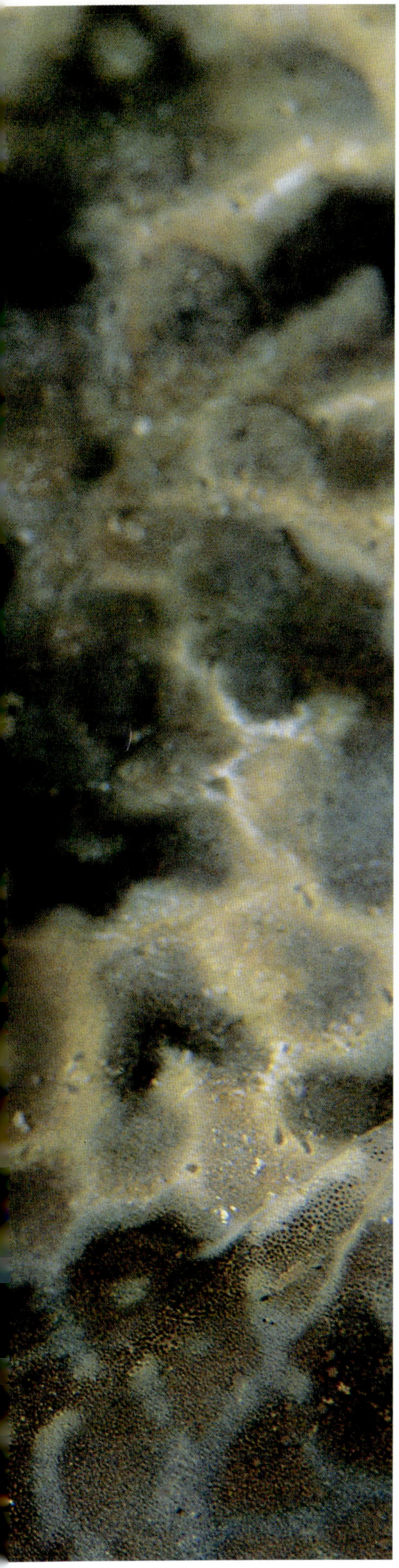

# Augen

*180 und 181 Auch der noch so gut versteckte Fisch könnte sich leicht durch seine Augen verraten. Viele Bewohner der Riffgewässer haben aus diesem Grund Augen, die nur schwer zu erkennen sind. Der Krokodilfisch* (Papillo-culiceps longceps) *(links) hat eine Art Überstand auf dem Augenlid, der die Augen selbst vollständig verdeckt. Der Blaupunkt-Rochen* (Taeniura lymna) *(oben) hat ein Lid, das das Auge vollständig verdeckt, der Wolfsbarsch (unten) ebenfalls.*

182 und 183 *Die Farbenvielfalt der Fische, die das Rote Meer besiedeln, gehört mit Abstand zu den eindrucksvollsten Erlebnissen eines Tauchgangs. Diese Farbenpracht hängt von vielen Faktoren ab. In der Natur spielen Farben eine wichtige Rolle zur Verteidigung oder zum Schutz, sie geben wichtige Signale in der Paarungszeit oder beim Revierverhalten. Auf der Fotografie oben ist das Maul eines Arabischen Kaiserfisches* (Pomacanthus maculosus) *zu erkennen.*

# Farben

*184 und 185 links und rechts oben* Auf den Tauchgängen im Roten Meer kann man verschiedene Muränenarten antreffen. Die verbreitetste Muränenart ist die Riesen-Muräne (Gymnothorax javanicus). Sie hat einen massigen Körper und kann bis zu zwei Meter lang werden. Der plumpe Kopf zeigt ein breites Maul mit dünnen, scharfen Zähnen.

*185 rechts unten* Eine recht häufig in sandigen Bereichen anzutreffende Muräne ist die weiße Muräne (Siderea grisea). Sie ist hellgrau und besitzt – vor allem in Kopfnähe – zahlreiche kleine dunkle Flecken. Diese Muränenart wird meistens nicht länger als 70 Zentimeter.

*186 und 187 Alle Skorpionsfische wie der Drachenkopf* (Scorpaenopsis oxycephala) *(Foto unten) und der Steinfisch* (Synanceia verrucosa) *(Foto oben und rechts) tragen auf nahezu allen Flossen Stacheln, die auch den Stoff eines Taucheranzuges durchdringen und ein Gift in die Haut injizieren können. Glücklicherweise sind die Nervengifte dieser Fische wärmeempfindlich, so dass man durch einen Verband mit heißem Wasser die Intensität des Giftes verringern kann.*

*188 oben* Ein Schwarm Weißsaum-Soldatenfische (Myripristis murdjan) *flüchtet in eine Grotte. Diese Fische sind Nachtschwärmer und verstecken sich tagsüber in den dunkelsten Felsspalten. Erst bei Einbruch der Dunkelheit kommen sie für die Nahrungssuche aus ihrem Versteck hervor.*

*188 unten* Der Juwelen-Fahnenbarsch (Anthias squamipinnis) *ist ein kleiner Fisch mit einer leuchtenden Orangefärbung, der in großen Schwärmen lebt und in Riffnähe sehr verbreitet ist.*

*188-189* Das Riff-Großauge (Priacanthus hamrur) *weist die für einen nachtaktiven Fisch typischen Eigenschaften auf. Sein rotes Schuppenkleid ist unverkennbar, und mit seinen großen Augen geht er im Schutz der Dunkelheit auf Beutesuche.*

# Riesige Zackenbarsche

*190 und 191 In den Korallenriffen des Roten Meeres lebt eine große Anzahl verschiedener Zackenbarscharten, die sehr unterschiedlich aussehen und auch sehr verschiedene Verhaltensweisen haben. Entlang der Korallenwände kann man den Panther-Forellenbarsch* (Plectropomus pessuliferus) *(Foto rechts oben und unten) finden, der eine rosa Färbung mit vielen blauen Flecken aufweist. Im Inneren der Lagunen oder in stilleren Gewässern findet man den Summana-Zackenbarsch* (Epinephelus summana) *(Foto rechts in der Mitte), der aufgrund seiner großen hellen Flecken auf dem Körper zu erkennen ist. Interessant ist auch der weiße Zackenbarsch (Foto links oben). Er hat einen massiven Körper, ein helles Schuppenkleid mit großen dunklen Flecken und kann bis zu 1,5 Meter lang werden. Auf der Abbildung oben links sieht man einen Mondsichel-Juwelenbarsch* (Variola louti).

# Juwelen-Zackenbarsch

*192 und 193 Der Juwelen-Zackenbarsch* (Cephalopholis miniata) *wird höchstens 50 Zentimeter lang. Er hat eine lebhafte Färbung von rot bis orange mit zahlreichen kleinen, intensiv blauen Flecken, die seinen Körper und seine Schwanzflosse gleichmäßig bedecken. Dieser grazile Barsch lebt in Riffnähe, wo er sich zwischen den Korallenästen versteckt und mit schnellen Schnappbewegungen kleine* Anthias *oder Glasbarsche* (Parapriacanthus guentheri) *(Foto rechts) verschlingt.*

194 und 195 Die Glasbarsche (Parapriacanthus guentheri) sind nachtaktiv. Tagsüber leben sie in Schwärmen aus mehreren hundert Exemplaren im Innern von Grotten oder Wracks. Erst bei Einbruch der Dunkelheit gehen sie auf Beutejagd. Ihr Kopf ist leicht golden, der Schwanzbereich fast durchsichtig. Auf dem Körper, der eine maximale Länge von acht Zentimetern erreichen kann, zeichnen sich die großen Augen deutlich ab. Sie verleihen den Fischen optimale Sicht in der Dunkelheit.

*196-197 An Korallenriffen in der Nähe von einsamen Inseln oder an Stellen, die vom Tauchtourismus nicht zu sehr beeinflusst werden, kann man auf die Echte Karettschildkröte* (Eretmochelys imbricata) *treffen, die sich von der Suppenschildkröte* (Chelonia mydas) *durch ihr spitzeres Maul unterscheidet.*

*Diese Schildkrötenart ist im Roten Meer am verbreitetsten, denn hier findet sie verlassene Strände, ideale Orte für die Fortpflanzung, die in den Sommermonaten erfolgt. Das Weibchen legt ungefähr 100 Eier in tiefe Löcher im Sand, die es selbst gegraben hat.*

198 und 199 An den Küsten des Roten Meeres gibt es noch Buchten, die von jeglichem menschlichen Leben unberührt geblieben sind. Hier kann man ein ganz besonderes Meeressäugetier beobachten, den Dugong. Der Dugong war vor wenigen Jahrzehnten noch im gesamten Roten Meer sehr verbreitet, ist aber heute aufgrund der unkontrollierten Jagd sehr selten geworden.

*200 und 201 An den ägyptischen Riffen bei Sha'ab Samadai und verschiedenen anderen Gebieten des Roten Meeres kann es relativ häufig zu einer eindrucksvollen Begegnung mit Großen Tümmlern kommen. Man kann stundenlang zwischen ihnen schwimmen und ihre Spiele und Bewegungen betrachten. Die Großen Tümmler sind relativ große Delphine. Sie können eine Länge von 3,50 Meter überschreiten. Ihre Körperfärbung ist grau, zum Rücken hin wird die Farbe etwas dunkler, am Bauch dagegen heller. Die Schulen können aus einer Vielzahl von Tieren bestehen. Es gibt Verbände von 40 Individuen, deren Organisationsstruktur relativ komplex ist.*

202 und 203 An den Korallenriffen im offenen Meer stößt man häufig auf die im Blau des Meeres glitzernden Flossen der Großaugenmakrelen (Caranx sexfasciatus und Caranx melampygus). Es handelt sich um pelagische Fische mit einer perfekt funktionierenden hydrodynamischen Körperform. Als Jungfische bilden diese hervorragenden Schwimmer Schwärme von einigen hundert Exemplaren, im Erwachsenenstadium ziehen sie dagegen das Einzelgängertum vor. Während der Jagdphasen benutzen die Großaugen-Makrelen besondere Strategien, um kleine Fische anzugreifen. Häufig jagen sie ihre Beute auf das Riff zu und nehmen ihnen so die Möglichkeit der Flucht. Der Schwarm formiert sich so, dass auch die seitlichen Fluchtwege geschlossen werden.

*204 und 205 An den Korallenriffen des Roten Meeres gibt es viele Haie, vor allem in den von Tauchern ungestörten Gebieten. Den Grauhai (*Carcharhinus wheeleri*) kann man leicht auf Tauchgängen am äußeren Hang der einsamen Riffe entdecken. Dieses eindrucksvolle Tier kann bis zu zwei Meter lang werden. Sein Rücken ist grau, der Bauch weiß. Die Spitze seiner Rückenflosse ist weiß und der Rand der Schwanzflosse schwarz. Wenn die Grauhaie sich in ihrem Revier bedroht fühlen, nehmen sie eine typische Erregungshaltung an: Sie schwimmen steif mit gekrümmtem Rücken, der Kopf ist nach oben gerichtet und die Brustflossen zeigen nach unten.*

*210 und 211 Barrakudas sind elegante Fische, die trotz ihres gefährlichen Aussehens und dem halbgeöffneten Maul, aus dem spitze Zähne hervorgucken, für Taucher keine Gefahr darstellen. Man kann sich ihnen nähern und ihre vollkommene Schönheit bestaunen.*

*212-213 Barrakudaschwärme können aus mehreren hundert Exemplaren bestehen, die alle zusammen eine außergewöhnliche, silber schimmernde Szenerie zaubern.*

# Barrakuda

mares
mares

Rotes Meer

# Wracks des Roten Meeres

*214 und 215 Die zahlreichen Riffe in der Straße von Gubal, die unausweichliche Passage für alle Schiffe, die den Suezkanal durchqueren wollen, haben seit jeher eine Bedrohung für die Schifffahrt dargestellt. Taucht man in diesen Gewässern, kann man eine Vielzahl von Wracks entdecken, die aus den verschiedensten Epochen stammen. Jedes hat seine eigene traurige Geschichte zu erzählen. Die ältesten Wracks stammen aus der Zeit der Römer, die bei dem Versuch, ihren Handel bis zu den afrikanischen Küsten auszudehnen, bereits in der Antike diese Wasser durchkämmten. Mit der Öffnung des Suezkanals und der damit verbundenen Zunahme des Schiffsverkehrs, nahmen auch die Unfälle in bemerkenswertem Umfang zu. Es gibt daher zahlreiche Schiffswracks aus der Zeit des beginnenden 19. Jahrhunderts. Schließlich war auch der letzte Weltkrieg Ursache für viele Schiffsunglücke. Heute kann man zwischen den Riffen noch Teile dieser traurigen Geschichte und der menschlichen Dummheit entdecken. Die Abbildungen zeigen: die* Giannis D. *(links und in der Mitte), die* Nazario Sauro *(oben) und die* Thistlegorm *(unten).*

Die Wracks in den glasklaren Gewässern des Roten Meeres üben eine große Anziehungskraft auf Taucher aus. Die häufig dramatischen Positionen, in denen die noch ganzen oder bereits zerborstenen Schiffskörper verharren, sind wie die Seiten eines Buches, auf denen man ihre noch immer lebendige Geschichte nachlesen kann. Der Großteil der im Roten Meer entdeckten Wracks liegt auf Korallenriffen, die seit jeher allen Seeleuten großen Respekt eingeflößt haben, die dieses Meer zu überqueren hatten. Wir wollen hier einige der interessantesten und bekanntesten Wracks vorstellen, deren Betauchung unvergessliche Eindrücke hinterlassen.

# THISTLEGORM – SHA'AB ALI

Die *Thistlegorm* war ein modernes, 130 Meter langes Handelsschiff, das 1940 in England gebaut und dann zum Transport von Kriegsmaterial nach Afrika eingesetzt wurde.

Das Schiff hatte Afrika umfahren, war durch das Rote Meer gefahren und befand sich beinah am Ende seiner schwierigen Reise. Aber in der Nacht des 6. Oktober 1941 – das Schiff lag zwischen dem großen Riff von Sha'ab Ali und der Westküste Sinais vor Anker – wurde es von einem deutschen Bomber, der von Kreta aus gestartet war, angegriffen und mitten in die Laderäume getroffen. Da die *Thistlegorm* mit Munition beladen war, kam es zu einer gewaltigen Explosion, die den Tod von neun Besatzungsmitgliedern zur Folge hatte.

Aufgrund des durch die Explosion entstandenen Risses sank das Schiff sofort. Trotzdem konnten sich 40 Besatzungsmitglieder retten, indem sie sich an den umherschwimmenden Schiffsteilen festklammerten.

Heute liegt das Wrack in Fahrtrichtung in 30 Metern Tiefe auf dem Grund. Der Schiffsbauch ist noch heute in fast allen seinen Teilen erhalten.

*216, 216-217, und 217 oben*
*Eines der beeindruckendsten Wracks in den Gewässern von Gubal ist mit Sicherheit die* Thistlegorm, *die in der Nacht des 6. Oktobers 1941 durch die Bombardierung eines deutschen Bombers zwischen dem Riff von Sha'ab Ali und der Ostküste des Sinais versenkt wurde. Die starken Explosionen, die durch die Munition an Bord des Handelsschiffes verstärkt wurden, führten dazu, dass die* Thistlegorm *auf der Stelle sank und neun Besatzungsmitglieder mit sich in den Tod zog. Jetzt liegt das 130 Meter lange Schiff in 30 Metern Tiefe in einem Graben. Der Bug zeigt auf das offene Meer hinaus, so als wolle das Schiff jederzeit losfahren und weiterhin die Gewässer des Roten Meeres durchqueren.*

*217 in der Mitte und unten*
*Die Lagerräume, deren große Öffnungen sich vor der Brücke auftun, können von erfahrenen Tauchern erkundet werden. Man kann dort noch Kriegsmaterial vorfinden, so wie es damals verladen worden war. Darunter befinden sich auch Torpedos, die dazu dienten, Minenkabel durchzutrennen.*

*218-219 und 218 unten*
*Bei der Thistlegorm handelt es sich um eines der interessantesten Wracks, die es in den Gewässern Gubals zu entdecken gilt, da es noch einen Großteil der Schiffsstrukturen besitzt, die während der Bombardierung nicht zerstört wurden.*

*219 oben und unten Während eines Tauchgangs kann man in den Laderäumen die unterschiedlichsten Waren entdecken. So kann man beispielsweise auf BSA-Motorräder, Gewehre, Lastwagen, Flugzeugteile und viele andere Gegenstände stoßen.*

*219 in der Mitte* Eine der interessantesten Ansichten auf das Schiff hat man, wenn man etwas auf das offene Meer hinausschwimmt und aus der Ferne das eindrucksvolle Heck mit der großen Schiffsschraube und dem Steuerruder betrachtet.

Eine Besichtigung des Wracks ist wie ein Zeitsprung zurück zu den traurigen Ereignissen des letzten Weltkrieges. Während des Tauchgangs kann man, ganz abgesehen von zahlreichen Fischen, Panzer und Eisenbahnwaggons erkennen, die noch immer in ihrer ursprünglichen Position auf dem Hauptdeck des Schiffes stehen. Die Lokomotive findet man dagegen in einiger Entfernung einsam im Sand.
Mit einer Taschenlampe kann man die Laderäume erkunden, in denen noch immer in einer Reihe Betford-Lastwagen, BSA-Motorräder, Morris-Autos, Gewehrkisten und verschiedene andere Waren stehen. Besonders eindrucksvoll ist auch die große Flugzeugabwehrkanone am Heck des Schiffes, die wahrscheinlich in der Nacht vom 6. Oktober 1941 vergeblich versucht hatte, das Schicksal des Schiffes und seiner Besatzung zum Guten zu wenden.

# Thistlegorm

# Giannis D. – Sha'ab Abu Nuhas

## (Strasse von Gubal)

Das Schiff *Giannis D.* war ein griechisches Handelsschiff, das Kurs auf den arabischen Hafen Hodeida nahm. Wahrscheinlich schlug es aufgrund eines menschlichen Fehlers oder aufgrund ungünstiger Wetterbedingungen im April des Jahres 1983 gegen die Westwand von Sha'ab Abu Nuhas, ein gefährliches Riff in der Straße von Gubal.

Glücklicherweise hatte die Besatzung nach dem Aufprall auf das Korallenriff genug Zeit, sich in Sicherheit zu bringen. Das Schiff blieb mehrere Wochen lang auf der Spitze des Riffs aufgespießt.

Erst aufgrund des Wellengangs und des Windes, die das Schiff auf den messerscharfen Korallen hin- und herzogen, öffnete sich ein langer Riss im Bootsbauch, der es schließlich sinken ließ.

Heute liegt die *Giannis D.* auf sandigem Grund in 26 Metern Tiefe. Das Schiff ist in zwei Teile zerbrochen. Der Heckteil mit der Brücke und dem Schornstein ist noch gut erhalten und sehr eindrucksvoll. Der Mittelteil des Schiffes, in dem sich die Laderäume befanden, wurde durch die Wucht der Wellen vollständig zerstört.

Der Bug ist noch sehr gut erhalten. Er liegt in geringer Entfernung vom Heck und zeigt noch die großen Winden und Laufrollen, die vollständig von bunten Weichkorallen bewachsen sind.

*220 rechts Auf dem heckseitigen Aufbau der* Giannis D. *kann man den großen Schornstein erkennen (rechts unten), die Brücke mit den großen Winden (rechts oben) und den Öffnungen, die unter größter Vorsicht Zutritt in den Maschinenraum gewähren. Hier befinden sich verschiedene Gegenstände und die Werkstatt.*

*221 Das Heckstück in 26 Metern Tiefe mit der Kommandobrücke und einigen Schiffsstrukturen, die fast die Oberfläche erreichen, ist eines der interessantesten Teile des Wracks.*

*222-223 Die* Giannis D. *prallte aufgrund falscher Kursberechnung im April des Jahres 1983 auf das Korallenriff Abu Nuhas. Heute liegt es in zwei Teile gespalten auf dem Grund des Riffs.*

*220 links Einige Dutzend Meter vom Stumpf des Hecks entfernt kann man den Bug der* Giannis D.*, leicht auf der Seite liegend, erkennen. Die große Ankerkette schaut aus den Bullaugen hervor. Wahrscheinlich hatte der Kapitän einen letzten Versuch gestartet, um zu vermeiden, dass das Schiff gegen das Riff schlug. In diesem Teil des Wracks kann man verschiedene Ausrüstungsgegenstände betrachten wie das Steuerrad, Taue und mit bunten Schwammkorallen besetzte Leitern.*

# *Carnatic* – Sha'ab Abu Nuhas

## (Strasse von Gubal)

Die *Carnatic* lief im Jahre 1862 vom Stapel und war ein damals modernes zweimastiges Dampfschiff von 90 Metern Länge.

In der Nacht des 13. September 1869, als das mit Passagieren, Postsendungen und verschiedenen anderen Waren beladene Schiff Kurs auf den Hafen Bombay nahm, schlug es wahrscheinlich aufgrund eines Navigationsfehlers gegen das Riff von Sha'ab Abu Nuhas, ein breites Korallenriff in der Straße von Gubal. Aufgrund seiner tückischen Lage wurde es schon zum Schauplatz vieler trauriger Schiffsunglücke.

Die *Carnatic* blieb nach dem Aufprall für einige Stunden auf dem Riffdach hängen. Die anscheinend stabile Lage des Schiffes und der Einbruch der Dunkelheit hielten den Kapitän davon ab, die Evakuierung des Schiffes zu befehlen. So wurde der fatale Entschluss gefasst, noch eine weitere Nacht an Bord zu verbringen, um auf die *Sumatra* zu warten, ein Schiff der gleichen Gesellschaft, das die Passagiere der *Carnatic* an Bord nehmen sollte.

Die Nacht verlief für Passagiere und die Besatzung relativ ruhig. Am nächsten Tag aber brach die *Carnatic* in Folge starken Windes und kräftigen Wellengangs entzwei. Um 10.50 Uhr sank das Heck und riss 27 Personen mit sich in die Tiefe.

Glücklicherweise konnten die Überlebenden einen Teil der Ladung, unter der sich auch große Baumwollballen befanden, anzünden, um der *Sumatra* Feuerzeichen zu geben. Einige Stunden später traf diese dann ein.

Der Heckabschnitt mit der großen Schiffsschraube

*224 oben Die Carnatic lief 1862 vom Stapel. Sie war ein stattliches Schiff mit zwei Masten und einem Dampfmotor und gehörte zu den ersten Schiffen mit gemischtem Antrieb, das die Gewässer des Roten Meeres durchfuhr.*

*224-225 und 225 unten rechts Eine Betauchung der Carnatic, die in 25 Metern Tiefe auf dem Grund liegt, gleicht dem Lesen eines Geschichtsbuches. Der stattliche Bug mit dem großen Loch, in dem sich einmal der Mast des Bugsprits befand, ist noch gut erkennbar. Dringt man in das Innere der Laderäume vor, kann man mit etwas Glück noch ein paar Flaschen finden, die zu der Ladung des Schiffes gehörten. Auf ihnen sind die Namen Bombay und Kalkutta eingeprägt, die wahrscheinlich die Bestimmungshäfen waren (Foto rechts).*

*224 unten Ein Taucher leuchtet Teile des Wracks aus. Das Schiff prallte in der Nacht des 13. September 1869, nachdem es auf Bombay Kurs genommen hatte, gegen das Riff von Abu Nuhas, blieb dann eine Nacht lang auf den Korallen hängen, bis es schließlich in zwei Teile auseinanderbrach und in Sekundenschnelle sank.*

*226 Schwimmen wir weiter in Richtung Heck, kann man noch den Aufbau der Brücke erkennen, der heute von herrlich bunten Weichkorallen überwachsen ist. Bei Einbruch der Dunkelheit verstecken sich hier golden schimmernde Schwärme von Glasfischen.*

*227 Die Carnatic wird von einer außergewöhnlichen Fauna bewohnt: Es gibt hier nicht nur bunte Weichkorallen, Schwämme in unterschiedlichen Farben und verschiedene Arten von Krustentieren, sondern auch zahlreiche Fische, die zwischen den Schiffsblechen Zuflucht suchen.*

ist wohl am interessantesten. Aber auch die Erkundung der Brücke, die mit farbigen Weichkorallen bedeckt ist, bietet ein außergewöhnliches Schauspiel.

Im Schiffsbauch selbst kann man überraschende Lichtspiele beobachten, die durch die Sonnenstrahlen entstehen, die sich durch Luken, Bullaugen und andere Öffnungen drängen.

In Bugnähe gibt es interessante Laderäume, in denen sich bis vor ein paar Jahren noch ein Großteil der Ladung befand. Darunter waren auch mehrere Kisten mit Sodawasserflaschen, auf denen die Bestimmungshäfen Bombay oder Kalkutta eingeprägt waren. Leider hat die dumme Angewohnheit der Souvenirjagd diese Zeugnisse der Vergangenheit vollständig beseitigt.

# *Krisoula K.* und *Seastar*

## (Strasse von Gubal)

Der Meeresabschnitt zwischen den Inseln Gubal und Shadwan und der Westküste des Sinais ist auf den Seekarten als Straße von Gubal eingezeichnet, gefürchteter Engpass für alle Schiffe, die das Rote Meer durchqueren. Die gefährlichen Riffe dieser Meerenge ließen zahlreiche Schiffe sinken. Im September des Jahres 1981 durchfuhr die *Krisoula K.*, ein griechisches Handelsschiff, die Straße von Gubal, um Kacheln aus Italien nach Saudi-Arabien zu transportieren. Aus noch ungeklärten Gründen folgte das Schiff dem Schicksal so vieler anderer Handelsschiffe und beendete seine Reise am Riff von Abu Nuhas. Die Wucht des Aufschlags war so groß, dass der Bug vollkommen abbrach und die *Krisoula K.* sofort sank. Heute liegt das Schiff an der Riffwand. Das Heck befindet sich in 26 Metern Tiefe, wo man die Erkundung des Wracks beginnen sollte, um dann entlang der Steuerbordseite zu den Laderäumen zu gelangen. Hier kann man erkennen, dass die Kacheln durch den heftigen Aufschlag in chaotischer Weise aufeinandergehäuft wurden.

Bewegen wir uns weiter auf die Steinkorallenwand Abu Nuhas zu, können wir überall verstreut verbogene Eisenstäbe finden, die die Gewalt erahnen lassen, mit der die *Krisoula K.* im September 1981 auf das Riff Abu Nuhas aufprallte. Bleiben wir noch ein wenig in diesen Gewässern, können wir in östlicher Richtung mit dem Tauchgang fortfahren. Nur einige Dutzend Meter entfernt befindet sich ein anderes Wrack. Es handelt sich um die *Seastar*.

Über dieses Schiff, das 1976 auf das Riff Abu Nuhas auflief, weiß man so gut wie nichts. An Bord befanden sich Getreide und vor allem Linsen. Die *Seastar* liegt heute an der Riffwand Abu Nuhas. Die Überreste des Bugs sind auf dem höchsten Punkt des Riffs verteilt, während sich das Heck und der Schiffsbauch auf der Seite liegend in 30 Metern Tiefe befinden.

Die Erkundung des Wracks sollte am Heck beginnen. Nach Betrachtung der Schiffsschraube empfehlen wir, entlang den Seitenwänden und der Brücke aufzusteigen, bis der Mittelteil des Rumpfes erreicht ist. Hier befinden sich die Laderäume, die einmal mit Säcken voller Linsen gefüllt waren.

*228 Die unter griechischer Flagge laufende* Krisoula K. *stieß in der Nacht vom September 1981 mit Kurs auf Saudi-Arabien heftig gegen den Nordostausläufer des Abu Nuhas Riffs und blieb mit dem Heck auf dem Korallenriff hängen. Die Kraft der Wellen ließ das Schiff schließlich kippen, so dass es senkrecht am Riff hängen blieb. Betrachtet man den Riffabschnitt des Zusammenstoßes genauer, kann man feststellen, dass viele Gegenstände wie große Sauerstoffflaschen, Ketten und Bleche, die bereits mit Korallen bewachsen sind, auch in geringer Tiefe umherliegen. Das lässt erahnen, mit welcher Gewalt das Schiff auf das Riff auflief.*

*228-229 und 229 rechts unten Auf dem Deck des Schiffes öffnen sich große Laderäume, in die man problemlos hineinschwimmen kann. Die Schiffsladung besteht aus Kacheln und anderem Baumaterial, das durch den starken Aufpralls auf chaotische Weise im Innern des Schiffes aufgetürmt ist. Vor dem Erreichen des Hecks kommt man an der Stelle vorbei, wo sich einmal die Kommandobrücke mit ein paar Bullaugen befand. Das große Heck gehört zu den interessantesten Teilen der* Krisoula K. *Man kann noch die vierflügelige Schiffsschraube und das Steuerruder erkennen.*

*229 rechts oben* Der Tauchgang beginnt in der Nähe des Riffs, auf das das Schiff aufgelaufen ist. Nach den einzelnen Blechteilen folgen wir dem Verlauf des Decks, bis wir die Ladeluken erreichen. Die Laderäume waren einmal mit Jutesäcken voller Linsen beladen, von denen heute jedoch nichts mehr übrig geblieben ist. Meer und Fische haben sie sich einverleibt.

*229 links unten* Über die Seastar weiß man so gut wie nichts. Sie hatte den Hafen von Suez verlassen, prallte gegen das Riff Abu Nuhas und sank ganz in der Nähe der Krisoula K. Am tiefsten Punkt liegt sie auf der Seite in 30 Metern Tiefe. Das Heck ist außergewöhnlich länglich geformt. Man kann das große Steuerruder erkennen sowie den Propeller.

# Précontinent II – Sha'ab Rumi
## (Sudan)

Im Juni des Jahres 1963 führte Jacques Yves Cousteau eines der interessantesten Experimente der Unterwassergeschichte durch. Er ließ auf dem Grund des Roten Meeres ein Science-Fiction-Unterwasserdorf errichten, in dem mehrere Froschmänner für die gesamte Dauer des Experimentes wohnen konnten.

Die vier Gebäude des Unterwasserdorfes wurden in Werkstätten in Nizza und München konstruiert. Das Dorf bestand aus dem „Seeigel" (der Garage, einer Art Servicestation, in der das Unterwasserboot parken konnte) und einem großen Haus, das aufgrund seiner besonderen Form „Seestern" genannt wurde. In diesem konnten die Forscher einige Wochen lang wohnen. Diese Stahlbauten wurden in zehn Metern Tiefe verankert, während das kleine Haus oder die „Tiefenstation" in 25 Metern Tiefe gebaut wurde. Albert Falco, erster Assistent von Cousteau, wurde damit beauftragt, einen nicht weit von Port Sudan entfernten Ort ausfindig zu machen, wo diese Einrichtungen verankert werden konnten. Nach acht Tagen eingehender Recherchen fiel seine Wahl auf das Riff Sha'ab Rumi, das den Anforderungen des Experimentes perfekt entsprach. Das italienische Dampfschiff *Rosaldo*, das in der Bucht vor Anker lag, sollte als zusätzlicher Stützpunkt für Material dienen, während die berühmte *Calypso*, das Forschungszentrum Cousteaus, den Tauchern als Unterstützung dienen sollte.

Am 15. Juni sollten fünf Froschmänner, die am Experiment teilnahmen, abtauchen und vor Ende des Monats Juli nicht wieder auftauchen.

Gehen wir heute in diesen Gewässern auf Entdeckungsreise, können wir leider nur noch einige Reste des Unterwasserdorfes betrachten. Es sind noch Teile des Aquariums und der Garage sichtbar. Über eine Öffnung in der Basisstation kann man in den Seeigel gelangen, der noch vollständig erhalten ist.

Folgen wir der Riffwand in nördlicher Richtung, können wir in einer Tiefe von 25 Metern noch den Haikäfig entdecken, der bereits mit bunten Weichkorallen überzogen ist.

*230 Auf der südöstlichen Seite des Riffs von Sha'ab Rumi sind noch einige Strukturen sichtbar, die von der Crew Cousteaus während des Experimentes* Précontinent II *aus dem Jahre 1963 benutzt wurden. Etwas weiter unten ist noch der bereits von Korallen kolonisierte Haikäfig sichtbar (Foto unten). Die Werkzeughütte ist dagegen noch in gutem Zustand. Sie hat eine außergewöhnlich langgezogene Form. Hier stellten die Taucher das bei den Experimenten in der Unterwasserwelt benutzte Material ab (Foto oben).*

*230-231 und 231 unten  Das auffälligste Element wurde der „Seeigel“ genannt (Foto oben), das als Garage für die Soucoupe plongéante, dem Miniunterwasserboot zur Erforschung der Gewässer gedacht war. Auf dem Sand sind die bereits korrodierten Teile des Aquariums zu erkennen, das zur Verhaltensforschung an Fischen gedient hatte (Foto unten).*

*232 oben Das Schiff* Umbria, *das 155 Meter lang war, lief am 30. Dezember 1911 unter dem Namen* Bahia Blanca *vom Stapel. Die alte Fotografie lässt erahnen, wie schön das Schiff einmal war.*

# *Umbria* – Port Sudan

In der Nähe von Port Sudan liegt am Wingate Riff das berühmte Wrack der *Umbria*, ein langes Handelsschiff, das 1912 in Hamburg gebaut und dann an eine italienische Gesellschaft verkauft wurde. Diese verkaufte das Schiff im Jahre 1937 an die Reederei *Lloyd Triestino*.

Der Untergang dieses Schiffes hängt mit den traurigen Ereignissen des Kriegsbeitrittes Italiens zusammen.

Am 9. Juni 1940 lag die *Umbria* außerhalb des Hafens von Port Sudan und der englische Kapitänleutnant Stevens meldete sich mit einigen Soldaten an Bord an, unter dem Vorwand, die Ladung kontrollieren zu wollen. In Wirklichkeit aber war er über den bevorstehenden Kriegsbeitritt Italiens informiert und wollte sich des Schiffes und der Ladung, die aus wertvollem Kriegsmaterial bestand, bemächtigen.

Der Kommandant der *Umbria*, der das wahre Vorhaben Stevens durchschaut hatte, konnte die Nachricht vom Kriegseintritt Italiens vor den

232 in der Mitte und unten und 233 rechts Dieses Wrack liegt nicht weit vom Port Sudan entfernt und gehört zu den interessantesten Tauchspots in diesem Gebiet. Es handelt sich um ein sehr großes Schiff, für dessen Erforschung man wenigstens zwei Tauchgänge einplanen sollte, um seine tiefsten Geheimnisse wirklich ergründen und die reiche Fauna genießen zu können, die bereits vollständig von ihm Besitz ergriffen hat.

232-233 und 233 unten Beginnt man den Tauchgang am Heck, kann man das große Steuerruder und die beiden Schiffsschrauben in 30 Metern Tiefe erkennen. Begeben wir uns dann weiter in die Mitte des Rumpfes, sollten wir auf jeden Fall ein wenig auf das offene Meer schwimmen und das Schiff aus der Entfernung als Gesamtheit mit seinen großen Winden und der Kommandobrücke betrachten.

*234-235 Das Wrack der Umbria verdient mehr als nur einen Tauchgang. Hat man nämlich alle äußeren Bereiche des Schiffes umschwommen, sollte man sich noch Zeit nehmen, um die außergewöhnlich bunten Meereskreaturen zu betrachten, die die Bleche des Schiffes bevölkert haben. Der unglaubliche Formen- und Farbenreichtum regt an, diese verzauberte Welt auch auf Fotos festzuhalten.*

# Umbria

*234 unten und 235 In der Nähe des Hecks öffnen sich die Laderäume, in die man sich nur unter größter Vorsicht hineinbegeben sollte, um nicht die dünne Schlammschicht aufzuwirbeln, die den Grund bedeckt. Man kann eine große Vielzahl von Waren entdecken, die das Schiff zu den italienischen Truppen in Afrika bringen sollte. Im zentralen Laderaum befinden sich noch immer zahlreiche Flugzeugbomben in ihren Behältern (Foto links unten und rechts oben). In anderen Teilen des Wracks tauchen plötzlich unerwartet Weinflaschen auf (oben links), oder es werden große Spulen mit elektrischen Kabeln, Reifen, Zementsäcke und sogar einige alte Fiat 1100 in Kolonialversion sichtbar.*

Engländern in Erfahrung bringen. Auf diese Weise konnte er seiner Besatzung den Befehl erteilen, die Laderäume zu öffnen und das Schiff sinken zu lassen, ohne dass die Engländer davon etwas mitbekamen.
Heute liegt das Schiff auf seiner linken Seite in ungefähr 30 Metern Tiefe auf dem Grund.
Der Schiffsrumpf ist noch gut erhalten und in den Laderäumen befindet sich noch immer die perfekt verpackte ursprüngliche Ladung. Die Erkundung dieses Wracks ist sehr beeindruckend, und man benötigt eigentlich zwei Tauchgänge, um jedes Detail entdecken zu können. Man kann die Kajüten der Besatzung und die mit Flugzeugbomben, Munition, Reifen und Drahtspulen gefüllten Laderäume betrachten. Eindrucksvoll ist auch der mittlere Laderaum, in dem noch einige Fiat 1100 in Kolonialversion und zahlreiche Kisten mit Flaschen stehen, die wahrscheinlich einmal mit Parfüm gefüllt waren. Eine weitere Besonderheit ist der Heckbereich mit dem gigantischen Steuerruder und der mächtigen Schiffsschraube.

# *Urania* – Dahlak-Inseln

Das Dampfschiff *Urania* lief am 11. März 1914 vom Stapel des Lloyd Austriaco, wo es ursprünglich den Namen *Ungarn* erhielt.

Im Jahre 1923 wurde es an die Gesellschaft Marittima Italiana aus Genua verkauft und in *Genua* umgetauft. 1932 wurde das Schiff schließlich von der Gesellschaft Lloyd Triestino erworben, die nochmals den Namen in *Urania* umänderte.

Das Schiff war 125 Meter lang und verfügte nach der letzten Renovierung über ungefähr 60 Plätze in der ersten, 139 Plätze in der zweiten und 200 Plätze in der dritten Klasse. Darüber hinaus hatte es noch verschiedene Speisesalons und Aufenthaltsräume, die während der langen Stunden an Bord für die Passagiere unentbehrlich waren.

Als 1940 Krieg ausbrach, befand sich das Schiff in den Gewässern des Roten Meeres und wurde am 10. Juni dieses Jahres vor den Küsten Eritreas an der Weiterfahrt gehindert. Als die Engländer im darauf folgenden Jahr planten, Eritrea zu besetzen, steuerte der Kommandant der *Urania* das Schiff in die Nähe der Küste der großen Insel von Dahlak, um zu vermeiden, dass das Schiff vom Feind beschlagnahmt wurde. Er ankerte in einer weitläufigen Bucht bei Ghubbet und befahl seiner Besatzung am 10. April 1941, das Schiff zu versenken.

Heute ist die Lokalisierung des Wracks in den Gewässern von Dahlak relativ einfach, da ein Teil des Schiffsbauches aus dem Meer auftaucht, so dass man einen Teil des eindrucksvollen Wracks auch schnorchelnd erkunden kann. Leider ist dieser Abschnitt des Meeres häufig reich an Plankton, so dass das Wasser leicht grün erscheint und die Sichtweite gering ist. Heute liegt das außergewöhnlich schöne Schiff auf seiner linken Seite in 25 Metern Tiefe. Es verfügt noch über zahlreiche Bordeinrichtungen wie Fockmast, Winden, Anker, Bullaugen und viele andere Elemente, die alle vollständig von Steinkorallen vereinnahmt wurden. Sehr interessant ist der Bug. Er ist auf das offene Meer gerichtet und wird von den hohen Zweigen der Peitschengorgonie geschmückt.

*236 oben Das Schiff* Urania *ist leicht auszumachen, da es nur wenig von der Küste der großen Dahlak-Insel entfernt auf dem sandigen Grund liegt. Neben dem Wrack befindet sich noch ein zweites Schiff, dessen Mast aus dem Wasser hervorschaut. Dieses diente dem Transport von Treibstoff und ähnlichen Materialien.*